JÜRGEN HELFRICHT

Zauberhaftes Pirna

Sachsens Perle am Tor
zur Sächsischen Schweiz

HUSUM

Umschlaggestaltung unter Verwendung von Motiven aus dem Buch

Bibliografische Information der Deutschen Nationalbibliothek

Die Deutsche Nationalbibliothek verzeichnet diese Publikation in der Deutschen
Nationalbibliografie; detaillierte bibliografische Daten sind im Internet
über http://dnb.dnb.de abrufbar.

Abbildungsnachweis
Alle Fotos und Reproduktionen von Jürgen Helfricht, außer: Nazrizal Abdullah 75, 111;
Luftbildservice Angermann 101; Willy Rentsch 8, 9, 10, 11, 42, 43, 44; Volksbank Pirna eG 116.

Die Herausgabe dieses Buches wurde freundlichst unterstützt
von der Volksbank Pirna eG.

© 2019 by Husum Druck- und Verlagsgesellschaft mbH u. Co. KG, Husum
Gesamtherstellung: Husum Druck- und Verlagsgesellschaft,
Postfach 1480, D-25804 Husum – www.verlagsgruppe.de

ISBN 978-3-89876-978-5

Inhalt

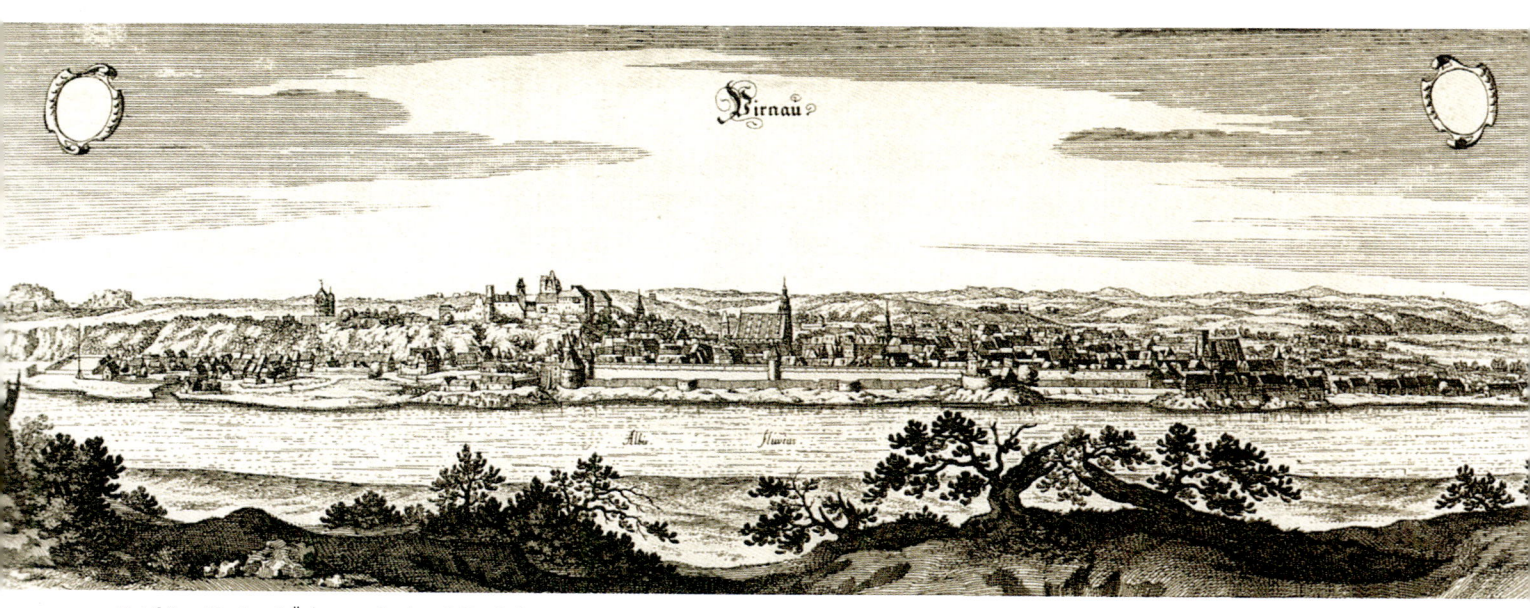

Matthäus Merian d. Ä. (1593 – 1650) veröffentlichte Pirnas Stadtansicht 1650. Der berühmte Kupferstecher und Verleger erfasste den Zustand vor 1639, stützte sich dabei auf eine Zeichnung von Festungsbaumeister Wilhelm Dilich (1571 – 1650).

Kleiner Spaziergang durch die Jahrhunderte

Bald 800 Jahre alt, entstand Pirna an jenem faszinierenden Ort, wo die 1094 Kilometer lange Elbe auf ihrem Weg vom Riesengebirge zur Nordsee das vielgewundene Engtal des Elbsandsteingebirges verlässt und in die etwa vier bis fünf Kilometer breite Dresdner Weitung tritt. Eine erste urkundliche Erwähnung stammt vom Jahre 1233. Menschlich besiedelt – so belegen es Feuersteinwerkzeuge aus dem späten Paläolithikum – war dieses Fleckchen Erde allerdings schon zum Ende der letzten Eiszeit, etwa 8000 bis 12.000 Jahre vor Christi. Um 5000 v. Chr. lebten hier zur Zeit der Bandkeramiker und den nachfolgenden Kulturen von der klimatisch milden Lage und den fruchtbaren Lössböden angelockte Ackerbauern und Viehzüchter. Vor dem heutigen Pirnaer Stadtgebiet in Großsedlitz bog der von Norden elbaufwärts kommende Verkehrsweg, den man wegen des bevorzugten Handelsgutes Bernsteinstraße nannte, zu den Erzgebirgspässen ab. Nach dem Wegzug germanischer Stämme, sie dominierten ab dem 4. Jahrhundert v. Chr. die Gegend, wurden um 600 n. Chr. Fischfang und Landwirtschaft treibende slawische Sorben ansässig. Den harten Sandstein nutzten sie als Mahl- und Schleifsteine.

Vom sorbischen Perno (Flurname „na pernem", übersetzt „auf dem harten Stein") soll sich der Name Pirna ableiten. Perne war auch der mittelalterliche Stadtname, aus dem z. B. Pyrne, Pirn, Birnaw, Pirnau und schließlich die heutige Variante wurde. Ernst Eichler (1930 – 2012), Nestor der slawistischen Namenskunde, tendierte jedoch zu einer anderen Deutung: „Pir" bedeutet in der slawischen Sprache glühende Asche. Seiner These nach weist der Stadtname auf eine Feuer-Rodungsstelle oder wichtige Opferstätte mit Feuer hin. Mit dem Birnbaum, der bereits das älteste Stadtsiegel auf dreieckigem Schild von 1299 ziert, hat der Name nichts zu tun. Sagen berichten, er soll vorm Schifftor gestanden haben. Im 15. Jahrhundert bekam der Birnbaum dann einen sich am Stamm aufrichtenden meißnischen Löwen. König Ferdinand I. (1503 – 1564) verlieh der Stadt im Jahre 1549 das noch viel prächtigere Wappen mit zwei rubinroten habsburgischen Löwen und Turnierhelm.

Die an wichtigen Wasser- und Landwegen sowie einer Furt gelegene meißnisch-böhmische Grenz- und Handelsstadt verdankt ihre Entstehung der deutschen Ostkolonisation. Mit der Eroberung des slawischen Territoriums und der Errichtung der Mark Meißen – 929 gründete Heinrich I. (um 876 – 936) die Burg Meißen – erfolgte eine rasche Besiedelung. Im Schutz einer wohl schon mit Holzbauwerken früh bestehenden Trutz- und Grenzburg 60 Meter über der Elbe – 1269 Burg und Burgkapelle erstmals erwähnt, der Name Sonnenstein setzte sich erst im 17. Jahrhundert durch – bildete sich unterhalb der Burg neben Fischersiedlungen ein fester Handelsplatz. Diesem verlieh Heinrich der Erlauchte (um 1216 – 1288) anno 1240/45 das Stadtrecht. Heinrich, der Markgraf aus der Dynastie der Wettiner, erteilte der Stadt 1260 auch das wichtige Privileg des Stapelrechts – zu Wasser oder zu Lande transportierte Güter waren drei Tage lang zum Kauf anzubieten oder es musste ein Stapelgeld entrichtet werden. Pirna wird dadurch 200 Jahre wichtigste Handelsmetropole zwischen Magdeburg und Leitmeritz an der Elbe. Im Laufe der Zeit entsteht die mittelalterliche Stadt – umsäumt von der bis zum Dachfirst des Wehrganges zehn Meter hohen und zwei Meter mächtigen Mauer – als Rechteck von 500 mal 300 Metern. Es existierten vier Stadttore und eine Pforte an der Elbe. Rasch bilden sich Zünfte mit im Rat vertretenen Handwerksmeistern, von denen die bereits 1292 dokumentierten

Alfred Diethe (1836 – 1919) vollendete das Wandgemälde „Albrecht des Beherzten Turniersieg in Pirna" 1878 für die Große Hofstube der Albrechtsburg Meißen.

laifriedhof zum „Friedenspark" umgestaltet) und 1338 das Hospital ersterwähnt. 1351 hält König Karl IV. von Böhmen (1316 – 1378), der spätere Kaiser, in der Stadt einen seiner Fürstentage ab.

Da untersteht Pirna längst dem böhmischen König. Meißens Markgraf verkaufte die Stadt 1291 an den Meißner Bischof, dieser veräußert sie drei Jahre später an König Wenzel II. von Böhmen (1271 – 1305). Böhmen-König Johann (1296 – 1346) aus dem Hause Luxemburg bestätigte dem Rat im „Großen Freiheitsbrief" vom 20. April 1325 die alten Privilegien. Diese königliche Urkunde ist eine historische Fundgrube, informiert über die Handelsbeziehungen der Mark Meißen. Neben den Erträgen der Eisenhämmer und -Hütten des Gottleuba-Tales werden die hier gefundenen Metalle Blei, Kupfer und Zinn aufgeführt. Auch Tuche aus den Niederlanden, Weine aus Frankreich, Österreich und Ungarn, Garne, Getreide, Mehl, Salz und Heringe spielen beim Stapelrecht eine große Rolle. Flöße sowie Elbkähne transportieren den Holzreichtum benachbarter Wälder und die Steine umliegender Sandsteinbrüche elbabwärts. Seit dem 13. Jahrhundert führt man nicht nur die bedeutendsten fürstlichen und bürgerlichen Gebäude Dresdens und Meißens in „Pirnschem Stein" aus. Der unvergleichliche Baustoff findet später auch Verwendung in Brandenburg, gelangt für Schlösser und Rathäuser bis nach Antwerpen und Kopenhagen. Pirnaer Mühlsteine erfreuen sich selbst in Mecklenburg, Pommern und Polen großer Beliebtheit. Auch Flussfahrzeuge Pirnaer Schiffswerften haben einen guten Ruf.

Nach 109 Jahren böhmischen Einflusses wird Pirna dauerhaft wettinisch. Markgraf Wilhelm I. (1343 – 1407) nutzt Böhmens Schwäche und die Dohnaische Fehde, um die Burggrafschaft Dohna zu annektieren und sich benachbarte Gebiete einzuverleiben. 1404 kommen die Stadt, ein Jahr später das Schloss in seinen Besitz. Bemerkenswert, dass die Hussiten 1429 den stark befestigten Ort in Ruhe lassen. Die Silberfunde im Erzgebirge ab 1470 strahlen auch auf Pirna aus, das mit der Eisenkammer

Schuhmacher, die Tuchmacher, Bäcker, Fleischer, Schneider, Schmiede und Böttcher als besonders einflussreich gelten. Um 1300 beginnen Mönche, ein Dominikanerkloster anzulegen (erst 1376 erhält die Abteikirche ihr Dach), von 1317 stammt die erste Nachricht der Lateinschule. 1335 sind die Nikolaikirche (1639 aus Verteidigungszwecken abgebrannt, 1666 neu geweiht und 1875 abgerissen, seit 1905 samt säkularisiertem Niko-

im Jahre 1472 eine Institution zur kurfürstlichen Kontrolle des bislang privaten Eisenhandels erhält (1686 aufgelöst). Unter Mitwirkung des Arnold von Westfalen (um 1425 – 1480/81) wird die Burg, in der Prinz Albrecht (1443 – 1500), der spätere Herzog und Landesherr, anno 1459 seinen ersten Turniersieg feiert, ab 1473 zum Schloss umgebaut.

Das Selbstbewusstsein der Bürgerschaft – unter den Zünften ragen um 1500 besonders die Tuchmacher mit 47 Meistern hervor – äußert sich u. a. 1466 bei der Grundsteinlegung für den Turm der Marienkirche, die man ab 1502 als Hallenkirche durch Baumeister Peter Ulrich (um 1440 – 1513/14) neu errichtet. Zwei Jahre später erwirbt man das rechtselbische Dorf Copitz. Zwischen 1500 und 1630 entstehen viele Bürgerhäuser im Renaissancestil. Während der Reformation spielt ein Kind der Stadt, Johannes Tetzel (1465 – 1519), eine unrühmliche Rolle. Nach dem Theologiestudium in Leipzig dem Bettelorden der Dominikanermönche beigetreten, wird er Generalkommissar mehrerer Diözesen und ab 1508 Inquisitor für Sachsen. Der sprachgewaltige Tetzel, der den Ablasshandel perfektioniert und sich selbst „Ketzermeister" nennt, operiert mit der Leichtgläubigkeit, be-

„Die Schifftorvorstadt in Pirna" vor der Stadtmauer mit ihren kleinen Häusern von Schiffern und Fischern malte Bernardo Bellotto (1721 – 1781), genannt Canaletto, zwischen 1753 und 1756. Im Gegenlicht legt sich ein verhüllender Schatten über den ärmlichen Ort.

Auf Canalettos Gemälde erscheint „Die Festung Sonnenstein über Pirna vom Hausberg" (zwischen 1753 und 1755 gemalt) in Abendstimmung. Hinter dem nicht mehr identifizierbaren Torbogen erheben sich von Palisaden verstärkte Erdaußenwerke.

sonders mit der Angst vor dem Fegefeuer, verspricht durch „Gnadenbriefe" den Loskauf von Sünden. 1532 rafft die Pest rund 1300 Menschen, etwa ein Drittel der Stadtbevölkerung, dahin. Die reformatorischen Ideen Martin Luthers (1483 – 1546) können sich in Pirna wie in allen anderen Teilen des albertinischen Sachsens erst nach dem Ableben von Herzog Georg dem Bärtigen (1471 – 1539) entfalten, der ein erbitterter Gegner dieser Veränderungen war. Mit dem Wittenberger Anton Lauterbach (1502 – 1569) erhält die Stadt ihren ersten Superintendenten, der 1544/46 auch die Ausmalung der Gewölbe seiner Ephoralkirche mit einem großen biblischen Gemäldezyklus veranlasst und die Stadtkirche St. Marien damit vollendet. 1556 wird der Neubau des Rathauses abgeschlossen.

Das geflügelte Wort vom „Pirnschen Elend" bezieht sich auf den grausamen Schwedeneinfall im 30-jährigen Krieg. 1617 konnten die Pirnaer noch Kaiser Matthias (1557 – 1619) und Kurfürst Johann Georg (1585 – 1656) samt großem Gefolge zujubeln. Ein Jahr später beginnt der unselige Krieg, in welchem das 3500 Einwohner zählende Pirna ab 1629 genau 2123 geflüchtete böhmische Protestanten aufnimmt. 1632 fordert eine Pestepidemie rund 3000 Opfer unter Einheimischen und Exulanten. Am 23. April 1639 sterben bei der Eroberung der Stadt durch schwedische Söldner sowie nachfolgenden Plünderungen und Massakrierungen rund 600 Frauen, Männer und Kinder. Ohne die Rettungstat von Apotheker Theophilus Jacobäer (1591 – 1659) wäre alles zur Trümmerwüste verkommen. Weil die Schweden trotz monatelanger Belagerung den wehrhaften Sonnenstein nicht einnehmen können, wollen sie ganz Pirna abbrennen. Da reitet Jacobäer am 25. September 1639 zur Frau des Kurprinzen, Prinzessin Magdalena Sibylle von Brandenburg-Bayreuth (1612 –1687), einer Freundin der schwedischen Königsfamilie, an den Dresdner Hof. Diese schreibt einen Bittbrief an den schwedischen Feldmarschall Johan Banér (1596 – 1641), von der Brandschatzung abzusehen. Dank dieses Schreibens zieht Banér mit seinen Truppen weiter. Trotzdem sind bereits 485 zerstörte Ge-

bäude, darunter 415 in den Vorstädten, zu beklagen. Dazu gesprengte Befestigungsanlagen und eine völlig verarmte Bevölkerung – die über Jahrhunderte während Blütezeit war beendet! Um 1700 liegen noch mehr als 200 Hausstellen wüst.

Das einst reiche, mit Dresden konkurrierende, Pirna steht im 18. Jahrhundert längst im Schatten der sächsischen Residenz und Landeshauptstadt. Die früher finanzkräftige Stadt, welche einst dem Landesherrn mit Darlehen unter die Arme griff, stagniert wirtschaftlich, hat infolge des Nordischen Krieges 1707

1753 oder 1754 schuf Canaletto die Ansicht „Der Marktplatz zu Pirna". Links am Rathaus die Fleischbänke (1386 erwähnt), von denen um 1750 jeder der 18 Fleischermeister eine besaß. Man blickt in Kirchgasse und Schlossstraße, sieht den Turm der Marienkirche und rechts davon das Canalettohaus.

Ansicht vom Copitzer Elbufer um 1855. Über ein Floß und Segelschiffe auf der Elbe wandert der Blick auf Pirna mit Marienkirche und Sonnenstein an der Schwelle zur Industrialisierung.

gestiv-realistischer Abbildungskraft und einzigartigem Detailreichtum, die bis heute Museen der Welt zwischen St. Petersburg in Russland und Houston in Texas zieren. Diese Gemälde stellen die kleine Stadt an der Elbe in eine Reihe mit Europas kulturellen Metropolen wie Florenz, Rom, Verona, Dresden, München, Warschau oder Wien.

Wenige Monate später dröhnt im Siebenjährigen Krieg ab 1756 wieder Waffenlärm durch das Elbtal. Am 16. Oktober kapituliert auf der Ebenheit zwischen den Festungen Sonnenstein (Kapitulation zwei Tage vorher, 1758 geschleift) und Königstein die kleine sächsische Armee. Preußens König Friedrich II., der Große (1712 – 1786),

über 100.000 Taler Schulden angehäuft. Doch wird die Stadtkirche im Folgejahr renoviert und in Vorbereitung der Hochzeit von Kurprinz Friedrich August (1696 – 1763) mit der Kaisertochter Maria Josepha Erzherzogin von Österreich (1699 – 1757) – sie übernachten auf der Hochzeitsreise von Wien nach Dresden am 1. September 1719 im Haus Lange Straße 10 – die Markplatz-Ostseite umgestaltet. 1718 bekommt das Rathaus dafür sogar einen barocken Turm mit Doppellaterne über der Kunstuhr von 1557. Für die veranschaulichte Stadtgeschichte bedeutsam wird der Besuch des venezianischen Kunstmalergenies Bernardo Bellotto, genannt Canaletto (1721 – 1781). In den Jahren 1753/55 fabriziert er im Auftrag des sächsischen Kurfürsten Friedrich August II., seit 1734 als August III. auch König von Polen, elf Veduten Pirnas mit vorher nie gekannter sug-

Marktgeschehen auf dem Obermarkt nach 1900

der sein Heer selbst führt, übernachtet auf dem Platz davor vom 26. zum 27. Juli 1757 auf dem Rückzug von Böhmen im Haus Breite Straße 19. Eine Tafel an der Fassade erinnert an ihn.

Zum Ende des 18. Jahrhunderts beginnt im malerischen Pirna das Pflänzlein des Fremdenverkehrs zu sprießen, das sich ein Jahrhundert später zum Massentourismus entwickelt. Zwei 1764 an die Dresdner Kunstakademie berufene Schweizer Maler, Anton Graff (1736 – 1813) und Adrian Zingg (1734 – 1816) sind vom Elbsandsteingebirge so emotional ergriffen, dass sie es als „Sächsische Schweiz" rühmen. Ein Name, der schnell volkstümlich wird und Pirna den Beinamen „Tor zur Sächsischen Schweiz" verleiht.

Der modernen Angriffswaffen nicht mehr gewachsene Sonnenstein wird zunächst militärisches Alters- und Invalidenheim, ab 1811 Heil- und Pflegeanstalt für Geisteskranke. 1813 kehren Kriegsnöte zurück, werden Stadt und Umgebung während der Schlacht bei Dresden in den Augusttagen zum blutigen Kampfgelände. Im September wohnt für einige Tage Napoleon Bonaparte (1769 – 1821) am Markt in Pirna. Danach halten wochenlang abwechselnd Franzosen, Russen und Österreicher die Stadt besetzt. Dichterfürst Johann Wolfgang von Goethe (1749 – 1832), unruhige Zeiten nicht scheuend, hat schon am 25. Mai 1813 auf der Reise von Dresden zum Kurbad Teplitz an der Breiten Straße übernachtet.

Das 19. Jahrhundert bringt Pirna die gewaltigsten Veränderungen seiner Geschichte. Die Kaufmannschaft drängt auf Schleifung der Stadtbefestigung, mittelalterliche Rechte wie das Stapelrecht werden ungültig, 1823 gründet sich eine katholische Gemeinde (1869 Weihe der Kath. Kirche St. Kunigunde). Stürmische Umwälzungen vollziehen sich auf wirtschaftlichem Gebiet. Wo 1774 mit den Kattundruckereien die ersten Manufakturen entstanden, rattern bald Dampfmaschinen. 1837 beginnt mit der „Königin Maria" die Elbe-Dampfschifffahrt, macht Treidler überflüssig. Elf Jahre danach eröffnet die Eisenbahnlinie Dresden-Pirna, welche 1850 bis Bodenbach fortgeführt wird

Nordöstlicher Teil des Marktplatzes. Am Markt 19, dem „Gasthof zum Weißen Schwan" (laut Hausmarke von 1699), gründete sich 1858 die „Vorschußbank für Gewerbetreibende zu Pirna". Den Wassertrog auf dem Platz davor zierte seit 1905 ein Denkmal für König Albert (1828 – 1902).

und mit ihrem hochwassersicheren Bahndamm die Stadt fortan von der Elbe trennt. Ab 1859 flackern 84 Gaslaternen und auch 442 Privathaushalte erhalten Gasanschluss. 1861 eröffnet hier eines der ersten Stadtmuseen Sachsens. Die Entwicklung zur Industriestadt läuten das Emaillierwerk (ab 1862), Maschinenbau, Glas- und Zellstoffproduktion ein. 1875 wird die Elbbrücke fertig – natürlich aus Sandstein! Fabriken ernähren besser

Die Gartenstraße mit ihren prächtigen Gründerzeithäusern um 1915

Der Marktplatz von Osten aus der Türmerwohnung der Stadtkirche St. Marien um 1920 fotografiert.

als die Scholle. Knechte und Tagelöhner umliegender Dörfer werden zu Industriearbeitern, Pirnas Einwohnerzahl vervielfacht sich von 4122 im Jahre 1820 auf 18.296 im Jahre 1900. Zur Gründerzeit entstehen die Westvorstadt mit der mondänen Gartenstraße und der nicht minder prächtigen Bahnhofstraße. Entlang der Rottwerndorfer Straße baut man ein Kasernena-

Vom Dach der Marienkirche streift um 1930 der Blick über die mittelalterliche Stadt, an deren östlichem Rand Fabrik-Schornsteine rauchen.

real für 1700 Mann – Pirna ist nun sogar Garnison mit Exerzier- und Schießplätzen.

Seine Notgroschen versteckt man nicht mehr im Strumpf, sondern trägt sie zur 1838 eröffneten Leih- und Sparkasse. Der seit 1839 existierende Gewerbeverein ruft sogar eine Bank ins Leben, in deren direkter Nachfolge heute die Volksbank Pirna eG steht. Kristallisationskern ist die „Vorschußbank für Gewerbetreibende zu Pirna", welche Kaufleute, Meister und ein Advokat am 3. März 1858 in dem Am Markt 19 existierenden Gasthaus „Zum Weißen Schwan" gründen.

Während Copitz bereits seit 1895 Elektrizität durch Wasserkraft aus dem Liebethaler Grund bezieht, beginnt die öffentliche Versorgung mit Strom in Pirna 1912. Im verlorenen Ersten Weltkrieg beklagt das in der Stadt beheimatete Pionier-Bataillon Nr. 12 und das 5. Königlich-Sächsische Feldartillerie-Regiment Nr. 64 hohe Verluste. Dann macht die Inflationszeit rund 5000 Bürger zu Arbeitslosen. Zur gleichen Zeit vergrößert Bürgermeister Dr. Arthur Johannes Gaitzsch (1879 – 1951) die Stadt, welche sich 1850 bereits die Hausberggemeinde einverleibte, durch Eingemeindungen mehrerer Vorstädte und Dörfer auf über 30.000 Einwohner, erringt so 1924 die Kreisfreiheit.

In der Zeit des Nationalsozialismus ab 1933 mit seinen schrecklichen Verfolgungen verlor Pirna endgültig die Unschuld. In der „Heilanstalt Sonnenstein" finden von Juni 1940 bis August 1941 während der Euthanasie-Aktion T4 Massenmorde Kranker statt. Dabei werden 13.720 Opfer aus Heimen für geistig behinderte Menschen und Alters- und Pflegeheimen sowie 1031 KZ-Häftlinge vergast. Seit 1990 erinnert die Gedenkstätte Pirna-Sonnenstein an ihr Schicksal.

Vom unmittelbaren Kriegsgeschehen bislang verschont geblieben, sterben beim anglo-amerikanischen Bombardement vom 19. April 1945 exakt 203 Einwohner. Am 8. Mai besetzt die Rote Armee die Stadt. Alle Bereiche des privaten, öffentlichen und wirtschaftlichen Lebens erleiden fortan jene drastischen Veränderungen, die für die Sowjetische Besatzungszone und zwi-

Pirnaer Untermarkt um 1975: Der „Weiße Schwan" wurde „Klub der Bergarbeiter".

schen 1949 und 1990 für die Deutsche Demokratische Republik typisch sind. 1975 erreicht Pirna mit 49.469 Einwohnern den höchsten Bevölkerungsstand. Während zwischen 1965 und 1983 auf dem Sonnenstein in moderner Plattenbauweise ein Neubaugebiet für 10.000 Menschen und 1980 bis 1988 das ähnliche Wohngebiet Copitz-West entsteht, verfällt die Altstadt wegen fehlender Sanierungskapazitäten.

Nach der deutschen Wiedervereinigung vom 3. Oktober 1990 prägt die Region eine nie dagewesene Deindustrialisierung. Den Wegfall Tausender Arbeitsplätze und die damit verbundenen Wegzüge können weder der erblühende Dienstleistungssektor noch weitere Eingemeindungen kompensieren. Doch mittels hunderter Millionen privater und öffentlicher Gelder beginnt ein faszinierender Stadtumbauprozess, der sich im Bereich der historischen Altstadt weitgehend an denkmalpflegerische Vorgaben hält.

Die Sanierungs- und Verjüngungskur unterbricht ab 12. August 2002 jäh eine schreckliche Naturkatastrophe. Montagabend bricht die Flut der Gottleuba herein. Der Gebirgsfluss reißt Schneisen ins Pflaster, setzt Keller und Geschäfte unter Wasser. Mittwochabend wälzt sich die Elbe durch die Stadt, in deren Straßen nun bis zu zwei Meter hoch Wasser steht. 650 Hektar mit rund 1000 Gebäuden sind komplett überflutet, 12.500 Einwohner evakuiert, 450 Gewerbetreibende beiderseits des Flusses in ihrer Existenz bedroht. Wer Pirna während der Jahrtausendflut sah, war den Tränen nahe und konnte nicht glauben, dass die uralte Stadt mit ihren idyllischen Gassen und prächtigen Bürgerhäusern diese Wunden wieder heilen wird. Beinahe nur an Hochwassermarken – sie erinnern auch an Ereignisse wie die Elbfluten 1432, 1784, 1824, 1845 oder 2013 und die Gottleuba-Tragödien 1897, 1927 oder 1957 – finden sich heute noch Spuren dieser sächsischen Sintflut.

Über allem erstrahlt Schloss Sonnenstein, das seit 2011 Verwaltungssitz des Landkreises Sächsische Schweiz-Osterzgebirge ist.

An einen Kanal Venedigs erinnerte die Gartenstraße zur Jahrtausendflut im August 2002.

Markt und Rathaus, wo der Löwe die Stunde schlägt

„Pirna hat mehr als die meisten anderen Städte Sachsens vom Gepräge älterer Jahrhunderte bewahrt", rühmte einst Kunsthistoriker Georg Dehio (1850 – 1932). Das zeigt sich besonders am 100 x 70 Meter großen Marktplatz, in welchen zehn Gassen bzw. Straßen münden: Barbiergasse, Badergasse, Töpfergasse, Kirchplatz, Kirchgasse, Schlossstraße, Frongasse, Marktgasse, Schuhgasse, Schössergasse. Viele der 23 Bürgerhäuser am Platz (meist dreigeschossig, erst die Bauordnung seit 1851 erlaubt viergeschossig zu bauen) stammen aus dem 16. Jahrhundert und verleihen Teilen der historischen Altstadt Renaissance-Charakter. Manche Keller sind allerdings viel älter, beherbergen mittelalterliche Substanz. Die Barockepoche überformte im 18. Jahrhundert viele Fassaden. Während Giebel und Zwerchhäuser verschwanden, stellte man etwa gleiche Traufhöhen her. Drei Stilepochen – Gotik, Renaissance und Barock – vereint das 1386 erstmals erwähnte (Bürgermeister seit 1292 bezeugt, Rat aus 12 Personen seit 1299) und nach allen Seiten frei auf dem Marktplatz stehende Rathaus noch auf wundervolle Weise an seiner Ostseite. Das ehemalige Hauptportal (heute als „Hochzeitsportal" genutzt, aktueller Haupteingang an der Südseite) erhielt seinen spätgotischen Türstock ein Jahr nach dem Rathausbrand von 1485. Es wird gekrönt vom ältesten Stadtwappen mit Birnbaum

und einem Löwen. Die Renaissance-Umrahmung fügte man während des Um- und Neubaus durch Baumeister Wolf Blechschmidt (um 1510 – 1560) in den Jahren 1555/56 hinzu, aus welchen auch die Gesimse sowie der Renaissance-Giebel mit Voluten stammen. Vermutlich seit Ende des 16. Jahrhunderts ziert eine Kunst-Uhr mit Mondphasenkugel und teilweise beweglichem Stadtwappen den Turm. Der Rathausturm wurde 1718 abgerissen und durch jenen mit barockem Dachreiter aus Holz (mit Kupferblech beschlagen) ersetzt. Im 2. Obergeschoss prangt das kursächsische Sammelwappen. Den Balkon an der Südseite fügte man 1769 an. 1878 erhielt die Rathaus-Westseite den Neorenaissance-Anbau. Es entsprach der Tradition, dass im Rathaus neben Ratssaal, Archiv- und Kämmereizimmern die Fleischer mit ihren Fleischbänken, Bäcker sowie Tuchmacher Verkaufsstände und Räume unterhielten. Der nach Einführung der Sächsischen Städteordnung 1832 gestiegene Platzbedarf für Verwaltungszwecke führte 1878 zum Abbruch der Fleischbänke. Allerdings beherbergte der Bau noch zu Beginn des 20. Jahrhunderts Läden. Charakteristisch für den Markt sind Brunnen mit ihren aus einem Stück gehauenen Sandsteintrögen. Aus der Barockzeit stammt der größte Trog. Er befindet sich vor dem Haus Am Markt 12 (Obermarkt).

Von einer oberen Etage in der Südwestecke des Pirnaer Marktplatzes bietet sich dieser Traumblick auf das uralte Rathaus, das „Canalettohaus" zwischen Schlossstraße (rechts) und Kirchgasse, den Marienkirchturm und den Sonnenstein. Das 1717 errichtete Haus Am Markt 6 links der Kirchgasse zählt zu den „Hakenhäusern" – abgeleitet von „hökern" (Kleinhandel).

Bürgerhäuser Am Markt 3 („Peter-Ulrich-Haus", erbaut 1505/06), 4 (erbaut 1717) und 5 (erbaut 1717). Der Baumeister der Stadtkirche St. Marien, Peter Ulrich (um 1440 – 1513/14), kaufte das Haus eines Tuchmachers aus dem 13. Jahrhundert, ließ es abreißen und mit spätgotischem Sitznischenportal neu errichten. Die heutige Dachform stammt von 1880.

„Peter-Ulrich-Haus" von der Töpfergasse aus gesehen. Bis 1575 beherbergte es eine Apotheke. 1750 befand sich im Parterre die örtliche „Königlich Churfürstlich Sächsische Landesacciseinnahme" (Umsatzsteuer-Verwaltung). Nach Kaufleuten, Strumpfwirkern und Schuhmachern wurde die „Ilse-Bähnert-Stiftung" von Schauspieler Tom Pauls (geb. 1959) im Jahre 2009 Besitzer, eröffnete hier 2011 u. a. das „Tom-Pauls-Theater" mit 180 Plätzen.

Kielbogenportal (Am Markt 3). Es zählt zu den frühesten erhaltenen Sitznischenportalen in Sachsen. 1810 hob man das Straßenniveau an, setzte dabei auch das Portal höher.

An der Fassade des Eckhauses Am Markt 8 (Barockbau mit mächtigem Mansardendach, mittelalterlicher Kern, der erstmals um 1500 umgestaltet wurde) prangt die Hausmarke „1689". Das Relief mit dem hebräischen Gottesnamen „Jahwe" geht auf den einstigen Besitzer, Hutschmücker Johann Christoph Pomsel, zurück.

Etwa seit 1929 nennen Einheimische das Giebelhaus am Markt (Am Markt 7), in dessen Erdgeschoss heute die Touristen-Information ihren Sitz hat, „Canalettohaus". Zu Zeiten des berühmten Venezianers war das um 1525 auf älteren Gebäudeteilen errichtete Gebäude im Besitz des Seifensieders Pomsel. Auch Ratsherren und ein Bürgermeister waren Eigentümer.

Vor dem Haus Am Markt 8 steht Pirnas größter Sandstein-Brunnentrog aus den 1780er Jahren mit edlen Barockkurven. Er fasst über zehn Kubikmeter, ist schätzungsweise 23 Tonnen schwer.

Romanische Vorläufer hat das 23 Meter bis zur Schmiedestraße reichende Anwesen Am Markt 9, das Hanns Christoph Volckammer (1631 – um 1693) anno 1673 völlig umbaute und mit dem reichen Portal versah. Der Hausherr ist auf dem Brunnen „Pirnaer Marktschiff" porträtiert, ging als Bürgermeister und Jäger des Klosterschatzes in die Geschichte ein.

Bis zum Jahr 1454 lässt sich die Geschichte des „Stadthauses" Am Markt 10 zurückverfolgen. Den zweigeschossigen Bau erhöhte man 1551 um ein Stockwerk. Die Fassadenzier stammt von 1873 und 1886. Das Eisenkunstguss-Relief heimischer Produktion von 1686 mit dem Stadtwappen über der Tür war früher am Rathaus montiert.

Den Markt flankierend, gehört das um 1890 entstandene Gründerzeit-Eckhaus hinter dem Sandsteinbrunnen von 1774 dennoch zur Schuhgasse (Nummer 16). Am Markt 14 rechts daneben ein Renaissancebau (Katzentreppengiebel zur Schössergasse) aus der Zeit um 1500. Das prachtvolle barocke Portal zeigt im Schlussstein das Jahr des Umbaues 1743.

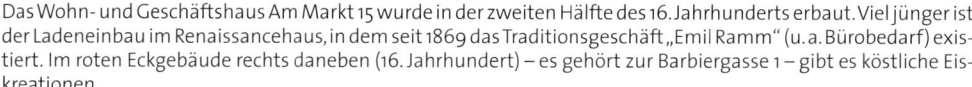

Details machen das Renaissance-Wohnhaus in Ecklage Am Markt 16 außerordentlich bedeutsam. Ein Sandstein-Relief (bezeichnet 1579) stellt die biblische Legende von Jona dar, den ein Walfisch verschluckt und später wieder ausspuckt. Einmalig die historischen Bronze-Türknäufe in Fischgestalt an der Haustür.

Das Wohn- und Geschäftshaus Am Markt 15 wurde in der zweiten Hälfte des 16. Jahrhunderts erbaut. Viel jünger ist der Ladeneinbau im Renaissancehaus, in dem seit 1869 das Traditionsgeschäft „Emil Ramm" (u. a. Bürobedarf) existiert. Im roten Eckgebäude rechts daneben (16. Jahrhundert) – es gehört zur Barbiergasse 1 – gibt es köstliche Eiskreationen.

Rechte Seite: Von den Gebäuden Am Markt 17 (1515 erbaut) und 18 (um 1800) ist das ältere linke, die ehemalige „Löwen-Apotheke" (1778 bis 2002 in Betrieb), mit Sitznischenportal von besonderem Interesse. Putten halten Fruchthorn und Apothekerbüchse. Den Mörser stampfenden Löwen ließ Apotheker Theophilus Jacobäer (1591–1659) anbringen. An diesen Retter der Stadt erinnert seit 1866 eine Gedenktafel.

Hier wohnte
TH. JACOBÄER,
Retter unsrer Stadt
am 25. Sept. 1639.

Jahrhundertelang war das barocke Gebäude Am Markt 19 „Zum Weißen Schwan" ein Gasthaus. Das Hauszeichen mit der Jahreszahl 1699 erinnert an die Zeit vor der Pizzeria.

Den Untermarkt bereichert seit 2016 die von Jan Witte-Kropius (geb. 1959) geschaffene Plastik „Pirnaer Marktschiff" auf dem Sandsteinbrunnen von 1775. Am Heck des Dampfers voll historischer Pirnaer steht Bürgermeister Volckammer mit seiner Wünschelrute. Dieses Kunstwerk ersetzt das 1905 geweihte Denkmal für König Albert (1942 eingeschmolzen).

Diese Tafel Am Markt 20/Töpfergasse 4 erinnert an Napoleon Bonaparte (1769–1821) – hier in einem Gemälde des Historienmalers Jacques-Louis David (1748–1825) – der am 11./12. und vom 18. bis 21. September 1813 in dem um 1500 entstandenen Eckhaus mit schönem barocken Portal wohnte. In den 1620er Jahren diente es sogar als Münzstätte.

Vom Untermarkt ist zwischen den Häusern Am Markt 20 (links) und Am Markt 3 der Volutengiebel vom um 1550 entstandenen Gebäude Kirchplatz 1 zu sehen. Wer den Kopf hebt, entdeckt an der Hauskante die fast lebensgroße spätgotische Marienfigur (1514 geweiht) am „Napoleonhaus", das der Volksmund auch „Haus zur Maria" nennt.

Ostgiebel des Rathauses (Am Markt 1 und 2) mit Turm durch die Kirchgasse am Morgen betrachtet. Links an der engen Gasse steht das „Canalettohaus".

Ehemaliges Rathaus-Hauptportal mit spätgotischem Türstock von 1486 und Umrahmung aus der Renaissance (1555). Delphine flankieren das älteste, bis 1549 gültige, Stadtwappen. Es zeigt den Birnbaum mit nur einem Löwen.

Nachmittags führt Helga Schirmer (geb. 1940), die älteste Geschäftsinhaberin Pirnas mit Fischladen an der Schössergasse, ihre Hunde auf dem Obermarkt aus.

Obermarkt und Rathaus von der Schlossstraße aus. Der achtseitige Helm des barocken Turmes mit doppelter Laterne endet in einer schlanken Zwiebelhaube.

Kursächsisches Sammelwappen unter dem Fenster im 2. Obergeschoss der Rathaus-Ostseite

Zur astronomischen Kunstuhr mit beweglicher Mondphase über dem Zifferblatt gehört das Stadtwappen. Die Löwen unterm Birnbaum (16. Jahrhundert) haben bewegliche Vorderpranken. Der linke schlägt zur Viertelstunde mit der Tatze an den Stamm, der rechte zur vollen Stunde. Funktioniert die Mechanik, bewegen die Löwen sogar ihre Zungen.

An der nach Süden gerichteten Rathauswand zeigt diese Vertikalsonnenuhr seit 1637 die Ortszeit an. Neben dem Gemälde eines Elbabschnittes mit Felsen und Segelschiff sind die Renovierungs- und Rekonstruktionsjahre 1747 und 2001 der Uhr aufgeführt. 1991 bis 1997 ließ die Stadtverwaltung das Gebäude für 8,5 Millionen DM grundlegend sanieren.

Zu den bemerkenswerten historischen Details des Rathauses zählt in der Nordhälfte des Ostflügels erdgeschossig dieser gewölbte Raum mit weit gespanntem Parallelrippengewölbe. Unter diesem gotischen Gewölbe, dem tiefe Fensternischen mit Butzenglasfenstern einen kapellenartigen Eindruck verleihen, werden heute Ehen geschlossen.

Dieses Sandsteinrelief (1551) zeigt das Porträt von Magister Laurentius Fuchs, Bürgermeister Pirnas von 1536 bis 1554. Zu seiner Amtszeit wurde 1539 in der Stadt die Reformation durchgesetzt. Beim Umbau des „Stadthauses" (Am Markt 10) anno 1884 kam die Tafel an die Südostseite des Rathauses.

Bleiverglastes Fenster mit Stadtwappen vor dem Bürgermeisterzimmer (Ausschnitt). Es hat die hier fehlende Inschrift nach Cicero (102–43 v. Chr.) „Salus populi suprema lex (este)". Übersetzt: „Das Heil des Volkes (sei) vornehmstes Gebot".

Was vom Kloster der Dominikaner übrig blieb

Die Kirche mit stumpfem Turm (30 Meter hoch), Teile des Kreuzgangs vermauert, drei gotische Bögen, ein vielleicht aus dem Sommerrefektorium stammendes Vorhangbogenfenster und der Kapitelsaal-Bau mit zweischiffigem Saal im Erdgeschoss (Rundpfeiler und Kreuzrippengewölbe) – letzte Zeugen künden von einer mittelalterlichen Abtei. Während z. B. alle Dresdner Klöster im Verlauf der Jahrhunderte verschwanden, blieben in Pirna Reste des um 1300 von Dominikanern errichteten Komplexes – eine Filiale des Leipziger Dominikanerklosters St. Pauli (1229 gegründet) – bestehen. 1215 vom heiligen Dominikus (um 1170 – 1221) in Toulouse gegründet, breitete sich der Orden damals über Erfurt in Thüringen und Sachsen bis in die hiesige Gegend aus. Eine erste Urkunde, welche Konvent und Prior erwähnt, stammt vom 15. Juni 1307. Für das den Bettelmönchen zugewiesene Areal am nordwestlichen Stadtrand verlegte man sogar die Stadtbefestigung nach Westen. Erst nach Versetzung der Stadtmauer wurde die 36,4 Meter lange (mit Mönchschor einst 50 Meter lang), innen 12,7 Meter breite und bis zum Dachfirst 26 Meter hohe (Gewölbehöhe 13,5 Meter) Klosterkirche mit ihrem steilen Dach 1370/80 vollendet. Den Glockenturm fügten die Mönche später an. 1470/75 gestalteten sie den Turmoberbau mit achteckigem Grundriss, Fialen und Kreuzblumen neu. Nach Verwitterung des Maßwerkes lieferte Architekt Gottfried Semper (1803 – 1879) den Entwurf für die erst 1856 ausgeführte eiserne Brüstung. In diesem Jahr erhielt der Turm auch eine spitze Haube, welche nach Denkmalschützer-Veto 1930 verschwand. Ab 1475 durften die Dominikaner Stiftungen und Spenden annehmen, konnten Grundbesitz und 1515 sogar zwei Weinberge erwerben. Berühmtester Mönch war der „Pirnaische Mönch" Johannes Lindner, latinisiert Tilianus (um 1450 – um 1530), der das geografisch-historische Werk „Onomasticum mundi generale" verfasste und vor 500 Jahren von der Stadt schrieb „pirn ist nit ein unhoeflich stetlein". Zur Einführung der Reformation in Sachsen 1539 galt das Pirnaer als ärmstes Kloster im ganzen Kurfürstentum. 1548 war es vollständig aufgelöst. 1666 bis 1834 diente die Kirche mit Unterbrechungen als evangelisches Gotteshaus. Nach Beseitigung schwerer Kriegsschäden erfolgte 1957 die Weihe als Kath. Kirche „St. Heinrich". Im Nordflügel des ehemaligen Klosters mit dem Kapitelsaal (Klosterhof 2) ist seit 1923 das Stadtmuseum Pirna beheimatet (seit 1993 verändertes Eingangs- und Funktionsgebäude). Es zählt mit seinen 30.000 Exponaten (neben Stadtgeschichte z. B. auch aus den Bereichen Naturgeschichte, Geologie und Numismatik), darunter Pirnas Stadtfahne von 1680, zu den ältesten im Freistaat.

Dominikaner erbauten die Klosterkirche zwischen 1300 und 1380. Das Langhaus aus Sandsteinquadern wird durch schlichte Außenpfeiler gegliedert. Der Turm ohne Helm an der Südostecke mag auch als Wach- und Verteidigungsturm gedacht gewesen sein.

Klosterkirche vom Pesthof um 1800

Diese um 1400 in Seccotechnik aufgetragene Malerei an der Ostwand entdeckte man erst 1928 bei Reinigungsarbeiten unter Farbschichten. Maria steht unter einem Baldachin und hält das splitternackte Christuskind. Daneben knien zwei Stifter mit Spruchbändern.

Schlanke, achtkantige Pfeiler gliedern das Kircheninnere (hier Blick zur 2005 geweihten Orgel der Firma Voigt, Bad Liebenwerda) in zwei Schiffe, welche von gotischen Kreuzrippengewölben überspannt werden.

Im Winkel der West- und Nordwand befindet sich dieses Kunstwerk von hohem Denkmalswert: Unter einer angedeuteten Kirche stehen Persönlichkeiten des Ordens, darunter Papst Innozenz V. (1225 – 1276) – der erste Dominikaner auf dem Stuhle Petri.

Bemerkenswert sind die künstlerisch gestalteten „Konsolfratzen".

Gewölbemalereien und meist mit Wappen verzierte Gewölbeschlusssteine

Der spätgotische Flügelaltar ist eine Schnitzarbeit (Thüringen) aus der Zeit um 1510. Er zeigt (von links): Katharina, Barbara, Maria-Magdalena, Maria, Margarete, Petrus und Paulus.

Vom Kloster blieb u. a. noch der zweischiffige Kapitelsaal mit Rundpfeilern und Kreuzrippengewölbe erhalten, der seit 1923 zum Stadtmuseum gehört. Die Ostwand steht auf den Fundamenten der alten Stadtmauer.

Grabdenkmal des Kommandanten der Festung Sonnenstein, Generalmajor George Sigismund von Schlichting (1677–1749), im Kapitelsaal des Klosters

Ev.-Luth. Stadtkirche St. Marien — Pirnas Juwel

Die Ev.-Luth. Stadtkirche St. Marien (Kirchplatz 14) zählt zu den durch ihre Gewölbemalerei einzigartigen Schöpfungen der Sakralbaukunst in Deutschland. Am Fuß des Burgberges gelegen, dominiert der spätgotische Sandsteinquaderbau mit dem mächtigen Dach – einem der größten Sachsens – die Stadtsilhouette. In Zeiten eines beispiellosen Aufschwungs, der seine Quellen in Handel, Sandstein und den erzgebirgischen Silberfunden hat, wagten die Bürger mit der Grundsteinlegung des Turmes im Jahre 1466 das Aufbauwerk an der Stelle eines im 13. Jahrhundert entstandenen Kirchleins. Sie konnten nicht erahnen, dass religiöse Umbrüche die festgefügte Ordnung durcheinanderwirbeln und der Bau des Gotteshauses mit vielen Unterbrechungen 80 Jahre dauern würde. Rechtwinklig zum heute 60 Meter hohen Turm (früher ca. 80 Meter, seit 1715 barock überformt) mit der bis 1906 bewohnten Wohnung des Türmers und dem siebenstimmigen Geläut begann der Neubau der 50 Meter langen, 25 Meter breiten und 18 Meter hohen Halle erst ein Jahr nach der großen Flut 1501. Dafür gewann man Steinmetz Peter Ulrich (um 1440 – 1513/14). Werkmeister Markus Ribisch (†zwischen 1525 und 1533) setzte die Arbeiten fort. Die schlanken Achteckpfeiler entstanden nach Abriss der Vorgängerkirche. Außenbau nebst Ziegeldach (Firsthöhe 40 Meter) fanden 1539 ihre Vollendung. Anhand bislang entdeckter Steinmetzzeichen lässt sich bestimmen, dass mindestens 96 Meister hier wirkten. Unter dem ab 1537 in Pirna nachweisbaren Wolf Blechschmidt (um 1510 – 1560), ab 1540 als leitender Werkmeister, wurden die Gewölbe geschlossen. Über dem Mittelschiff entfaltet sich das Netzgewölbe, dessen Rippen in den Seitenschiffen zu achtstrahligen Sternen verschmelzen. Die Ausmalung (Secco-Technik) erfolgte 1544/46 durch den Pirnaer Maler Jobst Dorndorf und Gehilfen nach Vorgaben des protestantischen Theologen Anton Lauterbach (1502 – 1569), basierend auf der illustrierten Lutherbibel von 1534. Insgesamt zieren mehrere Hundert menschliche Gestalten, Fabelwesen und Tiere biblischer und mythologischer Szenen die Decke. Seit den Jahren 1570/71 schmälern im Renaissancestil eingebaute Nord- und Westemporen etwas die großzügige Raumwirkung. Nach Abbau des geschnitzten Flügelaltars (um 1500, Verkauf nach Aussig 1617) schufen die Bildhauer Michael Schwenke (1563 – 1610) und sein Bruder David (1575 – 1620) in den Jahren 1609/12 den zehn Meter hohen Sandsteinaltar mit dem reichen figürlichen Programm. Die Kanzel aus Sandstein entstand um 1520, der Fuß des Taufsteins mit 26 Kinderfiguren wurde 1561 aufgestellt (Kuppa von 1890). Der heutige Zustand der Kirche geht auf die Sanierungsarbeiten 1995 bis 2014 zurück.

Blick vom Sonnenstein auf Ziegeldach (2350 Quadratmeter) und Turm der Marienkirche, welche das Stadtbild prägen. Das Glockengeschoss beherbergt sieben Bronzeglocken: Große (1669, 1920 kg), Alte (1669, 940 kg), Taufglocke (1964, 587 kg), Betglocke (15. Jh., 340 kg), Glocke V (1994, 210 kg), Neue Weinholdtsche (1994, 140 kg), Pimpel (1670, 75 kg).

Der prachtvolle Innenraum (Mittelschiff) von St. Marien mit filigranen Pfeilern und Netzgewölbe sowie der schier unerschöpflichen Gewölbemotivik gegen Osten. Im Chor sind Kanzel, Taufe und Altar zu sehen.

Links: Vogelschwärme umkreisen die barocke Turmhaube. Auf dem Balkon in ca. 40 Meter Höhe lassen samstagabends Turmbläser Posaunen erklingen. 1479 bis 1906 lebten hier oben die Türmer mit Frau und bis zu 15 Kindern. Der Türmer hatte die Aufgabe, Tag und Nacht Wache über Feuer und Feinde zu halten. Seit 1545 war er auch Stadtpfeifer (Musikant).

Das Altarretabel aus Sandstein der Gebrüder Schwenke aus Pirna – eine zehn
Meter hohe und fünf Meter breite Schauwand mit Skulpturenschmuck – besticht durch Qualität und Reichtum ihrer Steinbildhauerarbeiten. Das Bild-
programm illustriert alle wesentlichen Aspekte der christlichen Lehre.

Oben rechts: Die Orgel schuf 1842 der Königlich-Sächsische Orgelbaumeister
Friedrich Nikolaus Jahn (1798 – 1875). Das heutige Orgelgehäuse entstand
1889/90 während der Renovierung unter Architekt Theodor Quentin (1851 –
1905). Nach Umbau 1979 verfügt die Orgel über 56 klingende Stimmen auf
drei Manualen und Pedal.

Die Gemälde am Südpfeiler 4 zeigen im vierten und fünften Feld ein biblisches Thema aus dem Alten Testament: Den „Tanz um das goldene Kalb." Darunter steht: „Fliehet den Götzen-Dienst".

Glasmalerei des 19. Jh. in den nördlichen Chorfenstern: „Christus erscheint den klugen und den törichten Jungfrauen zu mitternächtlicher Stunde." Sie ersetzte wie andere Motive ab 1890 die spätgotischen Maßwerkfenster (1802 entfernt). Hermann Schaper (1853 – 1911) aus Hannover lieferte für den Dresdner Glasmaler Bruno Urban (1851 – 1910) die Entwürfe.

Links: Zwickelfeld der Nordempore. Bildhauer Christoph Kramer kreierte für die 1570/71 hinzugefügten Renaissance-Emporen pausbäckige Kinder und gut genährte Engelchen, welche sich zwischen Ranken, langstieligen Blättern, merkwürdigen Blüten und Früchten tummeln.

4,50 Meter mal 4,67 Meter großes Wandgemälde „Christus bei Maria und Martha" (Ausschnitt, Südwand). 1898 bereicherte der aus Belgien stammende Historienmaler und Hofrat Professor Ferdinand Pauwels (1830 – 1904) das Untergeschoss des Turmes, die Brauthalle, mit drei Wandgemälden auf Leinwand, welche auf den Putz geklebt sind.

Hauptportal mit Rosette aus dem Jahre 1890

In der Vorhalle befindet sich das farbig gefasste Sandstein-Epitaph des Superintendenten Balthasar Kademann (1533–1607), welches durch Gesichtszüge und Faltenwurf des Gewandes besticht. Bildhauer David Schwenke, Schwiegersohn des Verstorbenen, stellte den wichtigen Geistlichen entsprechend seiner Stellung im Ornat, das Kruzifix anbetend, dar.

Lebensgroße Standbilder der Reformatoren Martin Luther (1483 – 1546) und Philipp Melanchthon (1497 – 1560) sowie Tympanorelief „Maria und Jesus an der Krippe" aus französischem Kalkstein (S. 47 oben links). Bildhauer Werner Stein (1855 – 1930) war 1890 Schöpfer des figürlichen Schmucks für den Außenbau der nördlichen Vorhalle.

Oben rechts: Barockepitaph der Eheleute Ihme aus dem 18. Jahrhundert an der Nordseite von St. Marien

Der 1768 nordöstlich des Chores von St. Marien aufgestellte Brunnentrog am Kirchplatz hat heute diesen interessanten Wasserspeier.

Engel und Teufel am Erker – Zauber der Altstadt

Pirna wird auch Stadt der Giebel, Erker und Portale genannt. Obwohl viele zum Ende der Renaissance verschwanden, erhielten sich einige dieser faszinierenden Details. In der historischen Altstadt, welche rund 300 der gut 1300 Kulturdenkmale Pirnas beherbergt, stößt man häufig auf sie. Daneben z. B. auf Hausmarken, Schlusssteine, Türbekrönungen oder Wappen, die manches über alte Häuser und ihre einstigen Bewohner verraten. Der Altstadt-Kernbereich beginnt westlich mit der zehn Meter breiten und 300 Meter langen Dohnaischen Straße, die sich aus der im 13. Jahrhundert entstandenen Dohnschen Gasse bildete und einst zwei Stadttore – Elbtor und Dohnaisches Tor – verband. In sie münden von Osten fünf Straßen bzw. Gassen. Blickfang ist der Engelserker mit dem vergoldeten Engel am 1624/25 entstandenen Eckgebäude Barbiergasse 10, dem „Engelserkerhaus". Diesem nahezu gegenüber (Dohnaische Straße 76) steht ein Haus, dessen Bausubstanz ins 13. Jahrhundert reicht und 1612/13 das Spätrenaissance-Portal erhielt. Im Inneren (Stadtbibliothek seit 1999) verbirgt sich u. a. ein gotischer Saal mit Decke aus den Jahren um 1470. Barbiergasse, Schössergasse und Schuhgasse führen alle zum Markt. Zu den größten Altstadt-Gebäuden zählt das barocke Adelspalais Schössergasse 3. Über dem Tordurchgang weist das prächtige Wappen auf einen Besitzer hin. Die längste Straße – parallel zur Elbe und der Straße Am Zwinger die Dohnaische Straße mit der Schifftorvorstadt verbindend – heißt Lange Straße und birgt eine Fülle interessanter Häuser wie Nummer 10 mit dem reichen Barockportal von 1719. Im südlichen Altstadtteil verläuft die Schmiedestraße, an der sich u. a. die Fronfeste (kommunales Gefängnis) und das älteste Bürgerhaus im Originalzustand von 1381 erhielten. Nach dem in seinen Mauern geborenen Ablassprediger heißt es „Tetzelhaus". Vom Markt zweigt die Schlossstraße ab, wo an Haus 13 ein besonders schönes Sitznischenportal unter dem behutsam restaurierten Erker zu sehen ist. Den östlichen Abschluss der Altstadt bildet zu Fuße des Sonnensteins das Ensemble aus Kirchplatz sowie Oberer und Niederer Burgstraße. Im Gewirr der Gassen finden sich schattige Plätze, den Durst stillende Brunnen und Juwelen der Architektur. Schaurige Berühmtheit genießt das „Teufelserkerhaus" (erbaut 1622). Hier steht man dem Leibhaftigen Auge in Auge gegenüber. 1989 bewahrte es die Bürgerbewegung „Rettet Pirna" vor dem Abriss. Vor dem ehemaligen Stadtgraben wird die Altstadt westlich und südlich von einem parkähnlichen Band gepflegten Stadtgrüns umschlossen, welches u. a. die kursächsische Postmeilensäule von 1722 aufnahm. In unmittelbarer Nähe gibt es weitere Kleinode zu bewundern.

„Kursächsische Postmeilensäule" am Ausgang der Jacobäerstraße. Die Stadt verfügte einst über drei derartige Säulen. Auf ihnen sind Distanzen in „Wegstunden" zu Fuß (eine entspricht 4,5 Kilometer) eingemeißelt. Nur dieser Obelisk mit den Wappen Polens und Kursachsens von 1722, welcher am Dohnaischen Tor stand, existiert noch. 1956 erhielt er den heutigen Standort.

Das „Engelserkerhaus" (Barbiergasse 10 / Ecke Dohnaische Straße) ist bekannt durch seinen Erker mit der vergoldeten Engelsfigur, Porträtmasken und Drachenköpfen. Auf älteren Mauern entstand es in den Jahren 1624/25. Dem Renaissance-Portal an der Barbiergasse wurde der Löwenkopf erst nachträglich eingefügt.

Links: Blick von Westen in die Jacobäerstraße, einem der wichtigsten Altstadt-Zugänge. In deren Verlängerung führt die Schuhgasse direkt auf den Markt.

Dieses Wappen von 1688 an der Fassade des Hauses Dohnaische Straße 78 (ehemaliger Torbau des Dominikanerklosters) stammt vom abgebrochenen Obertor (einem Stadttor).

Spätrenaissance-Portal Dohnaische Straße 76 mit Löwenkopf aus den Jahren 1612/13. Die Grundmauern dieses größten Hauses an der Straße gehen auf das 13. Jahrhundert zurück. Hausbesitzer seit 1463 waren u. a. ein Schneidermeister, ein Ratsherr und Bürgermeister, ein Wundarzt, ein Großkaufmann, ein Militär und ein Stadtrichter. Es beherbergt heute die Stadtbibliothek.

Rechte Seite: Eckhaus Schössergasse 5 / Dohnaische Straße im Reformstil, einer Strömung des Jugendstils. Mit seinem das Straßenbild prägenden Erker und diversen originalen Schriftzügen wurde es 1913 als Wohn- und Geschäftsimmobilie errichtet.

General Friedrich Ludwig Freiherr von Rochow (†1762), Kommandant vom Sonnenstein, ließ als Hausbesitzer 1752 über dem Tordurchgang der Schössergasse 3 diese Tafel mit seinem Wappen und dem seiner Frau Barbara Friederike, geborene Freifrau von Birckholz, anbringen. Das 1558 auf älterer Substanz errichtete Haus wurde im Barock ein Adelspalais.

Bienenkorb-Relief aus Sandstein als Hauszeichen an der Schössergasse 7. Nach Auskunft der heutigen Besitzerin deutet es nicht etwa auf einen Zeidler bzw. Imker hin. Das Haus aus dem 19. Jahrhundert soll ein Bordell gewesen sein.

Luftaufnahme der Altstadt (Osten nach Westen). Von den über Stadtmauerresten zwischen der Straße Am Zwinger (rechter Rand) und der Langen Straße errichteten Häusern streift der Blick über das Gewimmel mittelalterlicher Dächer, welche verschiedene Straßenzüge erahnen lassen. Unübersehbar die Ev.-Luth. Kirche St. Marien und das Rathaus in Marktmitte.

Um 1550 erbaut, ist der Komplex Lange Straße 1 ein baugeschichtlich wichtiges Renaissance-Eckhaus mit Volutengiebel zur Dohnaischen Straße und Sitznischenportal zur Langen Straße. Hier hat die Traditionsfirma „Ernst Schmole Nachf." (heute u. a. Kaffeerösterei, Café, Weinhaus) ihren Geschäftsbetrieb, deren Geschichte bis zum Jahre 1880 zurückreicht.

Barocke Pracht spiegelt das Portal Lange Straße 10 mit seinen Figuren und dem Kriegsschiff auf der Mittelkartusche wider. Man errichtete es für Kurprinz Friedrich August (1696–1763) und Kaisertochter Maria Josepha Erzherzogin von Österreich (1699–1757). Das Paar übernachtete auf der Hochzeitsreise von Wien nach Dresden am 1. September 1719 im Haus.

Oben rechts: Übereinanderliegende Schleppgauben machen das Haus Lange Straße 22 – Kern aus der Renaissance, Umbau 17./18. Jahrhundert – besonders.

Fenstergitter Lange Straße 13, das Pirnaer Stadtwappen mit einem Birnbaum und zwei an ihm aufgerichteten Löwen zeigend. Es befindet sich im Erdgeschoss des Wohnhauses, welches im Kern ein Renaissancebau aus der zweiten Hälfte des 16. Jahrhunderts ist (Umbau im 18. Jahrhundert).

Kolossalpilaster, Korbbogenportal und mächtiges Mansarddach zeichnen das Haus Lange Straße 25 aus. Laut Schlussstein (mit Ankersymbol) über dem Portal wurde es 1740 erbaut. Nördlich schließt sich der alte Wehrgang der mittelalterlichen Stadtmauer an.

Das „Tetzelhaus" Schmiedestraße 19 (Erbauungsjahr 1381) – Geburtsstätte des berühmten Ablasspredigers – ist das älteste bis zum Gebälk erhaltene Bürgerhaus Sachsens. Im Inneren hat sich eine Bohlenstube aus dem 14. Jahrhundert erhalten. Der gotische Kern ist nur zu erahnen, Fassade und Fenstergewände entstanden um 1600.

Links: Zwischen Fleischergasse und Niederer Burgstraße steht dieses Gebäude (Lange Straße 29) mit hohem Walmdach und Fledermausgauben, welches in die 2. Hälfte des 17. Jahrhunderts datiert wird. Zur Langen Straße verfügt es über ein klassizistisches, zur Niederen Burgstraße über ein barockes Portal.

Dominikanermönch und Inquisitor Johannes Tetzel (um 1465–1519)

Innenhof mit Garten des „Tetzelhauses"

Links: Barocke Tordurchfahrt im Haus Schmiedestraße 27 von 1795

Rechts:Sitznischenportal des „Tetzelhauses" (Sitze jüngst ergänzt)

Links: Spätbarocke Tordurchfahrt am Renaissancehaus Schmiedestraße 44

Rechts: Sitznischenportal am 1560 gebauten Haus Schmiedestraße 41

Straßenidylle bei Uhrmachermeister Weise (Schmiedestraße 45). Die Ladenfront des Renaissancebaus (um 1550) gestaltete man nach 1900.

Denkmaltafeln an Fassaden der Altstadthäuser (hier Schmiedestraße 47) verraten manches über Architektur und Bewohner.

Wohnhaus 2. Hälfte 17.Jh. ,
Durchgangshaus zum Markt 9.
Schlußstein und Wappenplatte des
Besitzers Johann Christoph Volkamer
(originale Eisengußplatte im Hausflur).
Steinerner Laubengang des 18.Jh. im Hof.
Seitenhaus mit Braugewölben.

„Fronfeste" oder „Stockhaus": Schmiedestraße 8 (1527 erstmals erwähnt) war das Pirnaer Gefängnis. Hier gab es Zellen, eine Folterkammer im Dachboden und die Wohnung des Strafvollzugsangestellten (auch Pritschenmeister, Büttel oder Fronbote genannt).

Dieser Innenhof verbindet die Gebäude Schmiedestraße 47 und Am Markt 9

Viel Grün und Blumen wie hier an der Frongasse sieht man oft in Pirna.

Stadtwappen im hölzernen Fenstergitter Schmiedestraße 46

Fortuna auf geflügelter Kugel. Türbekrönung (1760), Badergasse 5

Schlussstein von 1748 am Haus Barbiergasse 1

Wappentafel eines Bürgermeisters, Fassade Schmiedestraße 47

In die 1. Hälfte des 16. Jahrhunderts lässt sich der Renaissancebau Schlossstraße 13 mit Erker (oben), Sitznischenportal (oben rechts) und Blendbogen-
giebel zum Markt hin datieren.

Rechte Seite: Renaissancehaus Kirchplatz 1/Ecke Töpfergasse mit Volutengiebel zur Töpfergasse (um 1550)
Rechts: Sitznischenportal – eine Nachbildung aus jüngerer Zeit

Das Haus Kirchplatz 2 ist durch sein Sitznischenportal von 1525 und die Portalbekrönung mit dem Adam-und-Eva-Relief besonders interessant.

Am Gebäude Kirchplatz 3 (1549 erbaut) zeugt ein Portalrest mit Bildnisme-
daillon vom einst prächtigen Fassadenschmuck.

Sitznischenportal aus der Zeit um 1590 am Kirchplatz 4

Nahe dem Kirchturm von St. Marien steht am Kirchplatz 10 die rot getünchte „Mägdleinschule". Der älteste Schulbau von Pirna und Umgebung war im 15. Jahrhundert zuerst Knabenschule. Seit 1555 unterrichtete man hier bis zu 100 Mädchen gleichzeitig.

„Knabenschule", mittelalterliches Schulhaus für Jungen, von 1583 (Obere Burgstraße 14)

Die östliche Stirnwand der Knabenschule ziert der „Erlpeterbrunnen" (Figur von 1908). Sein Quell sprudelt schon seit 1468, bezieht das kristallklare Trinkwasser von einem Stollen im Schlossberg. Nach alter Sage versiegte er, als Geld für das Wasser verlangt wurde, und floss erst wieder, nachdem man davon abließ. Bis heute holen hier Pirnaer ihr Kaffeewasser.

Brunnenspruch:
„Der Erlenpeter bin ich genannt,
armen Leuten wohl bekannt.
Wer nicht Geld hat in seiner Tasche,
der trinkt mit mir aus meiner Flasche."

„Fischkopfbrunnen" vor dem klassizistischen Haus (erbaut 1840) Am Schlossberg 2, dem ehemaligen Forstrentamt. Im Mittelalter betrieb man hier eine Badestube.

Niedere Burgstraße mit prächtigen Renaissancebauten, Blick zur Ev.-Luth. Stadtkirche St. Marien

Antikisierende Bildnis-Medaillons an den Kämpfern des Portal-Bogens

In der Bekrönung des Renaissanceportals seines Hauses – eines der schönsten Portale jener Zeit in Sachsen – porträtierte sich der Baumeister und Hausbesitzer selbst. Die Scheitelkartusche trägt sein Steinmetzzeichen und die Initialen „W.B."

Das Schlachthofgässchen – es hat noch Flusskieselpflaster als Straßenbelag – führt vom Kirchplatz in die Gegend, wo die Fleischer ihr Handwerk betrieben.

Links: Das Renaissancehaus Niedere Burgstraße 1 (heute Romantikhotel „Deutsches Haus") mit Volutengiebel errichtete 1544 Pirnas berühmter Baumeister Wolf Blechschmidt (um 1510 – 1560).

„Teufelserkerhaus" Obere Burgstraße 1. Dieses mehrteilige Gebäude mit Volutengiebel zum Kirchplatz ist im Kern spätgotisch. Der „Teufelserker" genannte Eck-Erker von 1622 mit Beschlagwerk und Teufelsfiguren wird Lorenz Hörnigk (um 1577 – 1624) zugeschrieben.

„Maria-Anna-Heim" (später „Haus der Kinder", seit 1999 Diakonie Pirna), Obere Burgstraße 8. Man errichtete es 1825/26 als Genesungsheim für die Heilanstalt auf dem Sonnenstein im klassizistischen Stil. Das Ensemble verfügt neben dem Treppen-Pavillon über das zweigeschossige Hauptgebäude u. a. mit elfachsiger Front und fünfachsigem Mittelrisalit.

Rechts: Obere Burgstraße 3 mit dem rot getünchten „Gotischen Haus" (um 1480 erbaut). Dieser seltene giebelständige Bau der Spätgotik hat ein barockes Portal.

Wir verlassen die historische Pirnaer Altstadt durch die Schuhgasse, wo einst Schuhmacher zu Hause waren. In der mittelalterlichen Stadt prägten Zünfte die Namen von Gassen.

Sitznischenportal am großen Renaissancebau Schuhgasse 2 (um 1600 errichtet). Dieser erstreckt sich über zwei Flurstücke.

Rechts: An der Wallanlage gehört die 1891 errichtete Gründerzeit-Villa Grohmannstraße 2d (Rohziegelbau mit Türmchen und Schweifgiebel) zu den prägenden Gebäuden.

Denkmal für Julius Otto (1824–1849), älterer Sohn des Kreuzkantors und Männergesangskomponisten Ernst Julius Otto (1804–1877), in den Wallanlagen an der Dr.-Külz-Straße. Es wurde zum 25. Todestag des in Pirna so früh verstorbenen Dichters 1874 eingeweiht. Von ihm stammen u. a. die „Gesellenfahrten" mit „Das treue deutsche Herz".

Pirnas kleiner Faun mit Weintraube am heutigen Standort auf der Grünfläche Ecke Jacobäerstraße/Grohmannstraße. Die Bronzeplastik ist eine Arbeit des Dresdner Künstlers Ernst Artur Berger (1886–1926). Zuerst kam sie 1914 als Geschenk des Pirnaer Verschönerungsvereins am Teich des Friedensparks zur Aufstellung.

Rechts: Kath. Pfarrkirche St. Kunigunde, Dr.-Wilhelm-Külz-Straße 3. Das 1869 geweihte Gotteshaus im neugotischen Stil aus Postaer Sandstein (28 Meter lang, 10,2 Meter breit) mit 40,5 Meter hohem Turm ist ein Werk von Karl Adolf Canzler (1818–1903). Für den Bau ab 1865 wurde der Stadtgraben überwölbt und verfüllt. Dahinter existieren noch Reste der Stadtmauer.

Zwischen Schifftorvorstadt und den Elbbrücken

Der heute oft Niedrigwasser zeigende, bei Hochwasser jedoch gigantische Schäden anrichtende Fluss bestimmt seit Anbeginn das Leben der Pirnaer. Obwohl der Elbhandel einst von großer Bedeutung für die Stadt war, kam es nie zum Bau eines richtigen Hafens. Die im 18. Jahrhundert „Hafen" oder „Schleuße bey dem Zoll-Hause" genannte Wasserfläche mit Zugang zur Elbe glich eher einem Karpfenteich. Zur Niederlage verpflichtete Kähne ankerten zwischen 1260 und 1834 drei Tage lang unterhalb des Zollhauses neben der in Sandstein gefassten Schleuse bzw. „Hafen"-Zufahrt. Elbaufwärts vor dem 1836 abgerissenen Schifftor der Stadtmauer gelegen, erhielt dieser Flecken den Namen Schifftorvorstadt. Schon 1389 bestand hier die Ziegelscheune zur Anfertigung von Mauer- und Dachziegeln. Da 1639 alle Vorstädte eingeäschert wurden, sind die umgebenden schlichten Häuser erst nach dem Dreißigjährigen Krieg entstanden. An ihnen erhielt sich manch an die Schifffahrt und Hochwasserereignisse erinnerndes Zeichen. Schiffer und Fischer wohnten hier, Treidler bzw. Schiffszieher oder Bomätscher, welche die Segelschiffe bei Windstille mit Muskelkraft an langen Seilen vom Ufer aus elbaufwärts zogen, nächtigten in den Katen. Mit der Ketten- und Dampfschifffahrt im 19. Jahrhundert wurde ihr Berufszweig überflüssig. Jedoch beherbergte die Schifftorvorstadt auch die Hütten der Steinmetze neben Lagerplätzen für Sand- und Kalkstein. Die gewachsene Struktur der Stadt bis zum Ufer durchschnitt ab 1850 das Hochbauwerk für die Eisenbahn. Dahinter haben sich Am Zwinger noch Reste der mittelalterlichen Stadtbefestigung erhalten. Elbabwärts befinden sich heute Landestege der „Personenschifffahrt Oberelbe", der Fähre Pirna-Copitz und der „Sächsischen Dampfschiffahrt". Unübersehbar die 1872/75 errichtete, 1928 verbreiterte und nach ihrer Zerstörung am Ende des Zweiten Weltkrieges bis 1950 wieder aufgebaute Stadtbrücke (letzte Sanierung 1992/94). Vorherige Versuche der Pirnaer Stadtväter, zumindest eine Holzbrücke zu bauen, reichen sogar bis ins 16. Jahrhundert. 1563 bat der damalige Bürgermeister den Kurfürst August von Sachsen (1526–1586) um finanzielle Unterstützung. Der Herrscher stellte jedoch nur Beihilfen in Aussicht, wenn die Stadt 40.000 Gulden selbst aufbringen würde. Nach weiteren vergeblichen Anläufen im 19. Jahrhundert begünstigte die Eisenbahn – speziell eine Sohland und Pirna verbindende Strecke – das Brückenprojekt. Schließlich kostete die 295,45 Meter lange Sandsteinbrücke mit neun Bögen 2,15 Millionen Mark. Zur Westumfahrung der Stadt und als Zubringer zur Bundesautobahn 17 entstand 1997/99 stromabwärts noch die sogenannte Sachsenbrücke (1071,5 Meter lang).

„Pirnaer Elbschlösschen" und Gebäude vom Sonnenstein spiegeln sich in der Elbe. Das alte Zolleinnehmer-Haus am Ufer: Mit Abschaffung des Niederlagerechts 1834 ging es in private Hände über und dürfte schon zum Ende des 17. Jahrhunderts hier gestanden haben. Seit 1879 über eine Schankkonzession verfügend, ist es bis heute Biergarten, Gasthaus und Pension.

Schlussstein des Portals Ziegelstraße 2 (bezeichnet 1769)

Hochwassermarke von 1655 am Elbzollhaus

Anker und Fische in der Hausmarke Am Plan 10 von 1776

An die Wassernot von 1784 erinnerndes Relief (Steinplatz 20)

Die kleinen Häuser an der Plangasse bewohnten früher meist Schiffer und Elbfischer. Irgendwo in der Nähe – so sagenhafte Überlieferungen – wuchs der mächtige Birnbaum, welcher Namensgeber von Pirna gewesen sein soll.

Schifftorvorstadt-Idylle Am Plan. Der Name ist von Bleichplan abgeleitet, jenem Ort, wo die Wäsche gebleicht wurde. Um den Wassertrog von 1697 aus Sandstein gruppieren sich am viereckigen Platz meist wunderschön restaurierte zweistöckige Gebäude.

Am Plan steht diese um 1910 entstandene Bronzeplastik einer Frau oder Göttin mit Rosen in der Hand, welche auf einem Delphin balanciert. Sie wird Professor Georg Wrba (1872 – 1939) zugeschrieben.

Rechts: Illusionistische Fassadenmalerei am 1796 erbauten Haus Steinplatz 2. Der Name des Platzes verweist auf die einst hier vor dem Schifftor existierenden Lagerplätze und Steinmetzhütten.

Ratsmaurermeister Johann Daniel Kayser erbaute 1776 das Gebäude Steinplatz 21, welches sich durch die Lisenenarchitektur und den Zwerchgiebel mit Vasenbekrönung von der Umgebungsbebauung abhebt. Die Portalbekrönung ist besonders prächtig gefasst.

Hinter den Resten der mittelalterlichen Stadtmauer (vorn) erblickt man mittelalterliche Dächer. Das größte Dach nebst Turm gehört zur Ev.-Luth. Stadtkirche St. Marien. Auch der Rathausturm ist deutlich zu erkennen.

Im 19. Jahrhundert entstandenes Gartenhaus Am Zwinger

Altes Stadtwappen-Relief in einem Garten Am Zwinger

Reste der einst zwei Meter dicken und bis zum Wehrgang-Dachfirst 10 Meter hohen Pirnaer Stadtmauer. Sie entzogen sich dem Abbruch, weil man diese längst in Hintergebäude der Langen Straße integriert hatte. Teilweise wurden sogar Häuser auf die Mauer gesetzt. Nach der Entfestigung legten Privatpersonen elbseitig Gärten an.

Is treffen sich die „MS Bastei" (Baujahr 1983) und die MS „Sächsische Schweiz" (Baujahr 1979) der 1991 gegründeten „Personenschiffahrt Oberelbe" von Familie Frenzel leger in Pirna. Von hier aus starten die beliebten Fahrten in die Sächsische Schweiz und nach Tschechien.

Während der historische Raddampfer „Stadt Wehlen" (Baujahr 1879) der „Sächsischen Dampfschiffahrt" vom Pirnaer Anleger der Reederei Richtung Bad Schandau abdampft, kommen Touristen auf dem Elbe-Fernradweg vorbei. Dieser führt von Spindlermühle im Riesengebirge 1220 Kilometer weit bis nach Cuxhaven an der Elbemündung in die Nordsee.

Auch der Raddampfer „Pirna" (Baujahr 1898) – hier vor der Kulisse der historischen Altstadt – gehört zur „Sächsischen Dampfschiffahrt", der ältesten und größten Raddampferflotte der Welt mit Sitz in Dresden.

Seit 1325 verkehren Fähren zwischen Pirna und dem gegenüberliegenden Copitz. Bis 1966 war eine Seilfähre in Betrieb, seitdem motorbetriebene Verkehrsmittel. Aktuell kann man mit der 1997 auf der Werft Laubegast gebauten „Bärenstein" (16 Sitz- und 50 Stehplätze) übersetzen, die der Oberelbischen Verkehrsgesellschaft Pirna-Sebnitz mbH gehört.

Einer der mächtigen Brückenpfeiler. Da ein gut tragfähiger Baugrund erst vier Meter unter der Flusssohle festgestellt wurde, mussten die Pfeiler auf Pfahlrosten (von schwimmenden Dampframmen eingeschlagen) gegründet werden.

Majestätisch spannen sich die Sandsteinbögen der 1875 fertiggestellten ersten Pirnaer Stadtbrücke über die Elbe. Ursprünglich dachte man auch an eine eiserne Brücke, die jedoch wegen der hohen Bau- und Unterhaltungskosten sowie der baukünstlerisch nicht überzeugenden Entwürfe abgelehnt wurde.

Kurz vor der Stadtbrücke steht seit 1883 an der Brückenstraße die „Barometersäule". Solche Wettersäulen mit Instrumenten wie Thermometer, Barometer und Hygrometer kamen zum Ende des 19. Jahrhunderts im Deutschen Reich in Mode. Vorbild war ein zu Bad Godesberg aufgestelltes Exemplar. Nach Zerstörung 1960 erfolgte 2005 die Wiederaufstellung.

Elbabwärts hinter der Sachsenbrücke steht seit uralten Tagen an der Braudenstraße die „Tetzelsäule". Ihr Ursprung bleibt rätselhaft. Einerseits soll hier der berüchtigte Ablasshändler gepredigt haben, andererseits erinnere sie an einen Überfall Wehlener Ritter auf das Dorf Heidenau im Jahre 1460. Auch könnte sie ein Schifffahrtszeichen gewesen sein.

Die täglich von 200 bis 280 Zügen frequentierte Eisenbahnstrecke Dresden-Prag – hier von der links-elbischen Rampe der Pirnaer Stadtbrücke fotografiert – verläuft seit 1850 auf einem aus Hochwasserschutzgründen etwa vier Meter hohen Bauwerk zwischen Fluss und Altstadt.

Ein Dampfer der „Sächsischen Dampfschiffahrt" stromaufwärts vor der 1999 fertiggestellten Pirnaer Sachsenbrücke. Mit 1071,5 Meter ist sie die längste Straßenbrücke im Freistaat Sachsen.

Grüner Hügel und alte Festung — der Sonnenstein!

Zwischen dem Elbtal im Norden und der Gottleuba im Westen liegt auf einer Ebenheit (Hochfläche) jener Stadtteil mit großem Park, welcher seinen Namen auf das hier thronende Schloss Sonnenstein zurückführt. Unter Markgraf Heinrich dem Erlauchten von Meißen (um 1215 – 1288) wird es am 5. Dezember 1269 erstmals als „Castrum" oder „Burg Pirna" in einer Urkunde genannt. Dieser Herrscher aus der Dynastie der Wettiner verfügte damals, dass die dem Hl. Georg geweihte Burgkapelle als Einkünfte jährlich fünf Mark Silber aus dem Elbzoll erhalten solle. Der Pirnaische Mönch hinterließ, dass der Name Sonnenstein durch Markgraf Wilhelm I. (1343 – 1407) verliehen wurde. Nach bewegter Geschichte mit einem verheerenden Brand 1486 erwiesen sich die Regierungen der Kurfürsten Moritz (1521 – 1553) und August (1526 – 1586) als bedeutsam. Moritz baute den Sonnenstein zum „festen Hause" aus, kaufte dafür mehrere Grundstücke vor dem Schifftor hinzu. Kurfürst August ließ das Schloss neu errichten. Sowohl im Schmalkaldischen Krieg 1546/47 als auch im Dreißigjährigen Krieg (1639) scheiterten Belagerungsversuche. Im Grenzgebiet zu Böhmen und an einer wichtigen Handelsstraße liegend, bauten die Kurfürsten Johann Georg II. (1613 – 1680) und Johann Georg III. (1647 – 1691) den Sonnenstein dann zu einer der modernsten Festungen Mitteldeutschlands aus. Drei Bastionen nebst artilleristischer Ausrüstung (40 Kanonen mit 350 bis 600 Meter Reichweite) konnten die Elbe, den Elbübergang und die Copitzer Höhe gegenüber wirkungsvoll beschießen. Erst 1764 löste man die Festung auf. Die 1811 im Schloss eingerichtete Heil- und Pflegeanstalt für Geisteskranke wurde beispielgebend in Europa und bis 1914 weit über das einstige Festungsareal hinaus erweitert. In den Jahren 1940/41 ermordeten die Nationalsozialisten hier rund 13.720 Menschen im Rahmen der sogenannten „Aktion T4" („Vernichtung lebensunwerten Lebens" bzw. sogenannter „Ballastexistenzen"). Weiterhin starben an diesem Ort im Sommer 1941 über 1000 Häftlinge aus nationalsozialistischen Konzentrationslagern im Rahmen der „Sonderbehandlung 14f13". Nachdem Anfang des 20. Jahrhunderts bereits eine Wohnsiedlung für Beamte der Heilanstalt entstanden war, ließ die DDR ab 1953 etwa 1000 Wohnungen für Beschäftigte der DDR-Luftfahrtindustrie (nach deren Auflösung 1961 für den VEB Strömungsmaschinen Pirna) in Ziegelbauweise errichten. Ein größeres Wohngebiet mit kompletter Infrastruktur in Plattenbauweise (ca. 3000 Wohneinheiten) wurde bis 1981 gebaut, nachdem ab 1963 in Leupoldishain ein u. a. Uranerz für russische Atombomben förderndes Bergwerk eröffnete. Die Einwohnerzahl erreichte damals 17.000 Personen.

Umgeben von grünen Hängen zur Altstadt und zur Elbe erheben sich Gebäude des Sonnensteins, seit über 750 Jahren urkundlich nachweisbar, über Pirna. Die Anfänge der ursprünglichen Burg liegen im Dunklen. Schon 1000 vor Christi sind auf der Hochfläche über der Elbe bronzezeitliche Bestattungen nachweisbar.

Das 2009/11 denkmalgerecht sanierte Schloss Sonnenstein ist seit Ende 2011 Sitz der Verwaltung des Landkreises Sächsische Schweiz-Osterzgebirge (1654,19 Quadratkilometer groß; Ende 2018 exakt 245.611 Einwohner). Den Landkreis bildete man am 1. August 2008 durch Fusion der Landkreise Sächsische Schweiz und Weißeritzkreis.

Zu den Bastionen der Festung Sonnenstein gehört das 20 Meter hohe „Mittlere Werk". Es entstand 1668/76, enthielt über einem Postengang mit vier Sehschlitzen zwei übereinander angeordnete Batteriegeschosse mit unten vier und darüber sechs Geschützluken. Auf dem Bastionsplateau war Platz für weitere sechs Geschütze.

Das düsterste Kapitel des Sonnensteins wurde 1940/41 aufgeschlagen. Nationalsozialisten missbrauchten die Heil- und Pflegeanstalt als Tötungsanstalt. Unter dem euphemistischen Namen „Euthanasie" wurden Tausende psychisch Kranke und geistig Behinderte umgebracht. Gaskammer und Keller-Nebenräume sind heute eine Gedenkstätte.

Auch der 112 Kilometer lange „Malerweg" – der Haupt-
wanderweg des Elbsandsteingebirges – führt über den
Sonnenstein, wo er auf den „Canalettoweg" trifft.

Hinter dem Brunnen mit einem Löwenkopf als Wasserspeier an der alten Feuerwache (Obere Burgstraße) beginnt eine Treppenanlage, die hoch auf den Sonnenstein
führt.

Morgenerwachen Pirnas Ende Juli zum Sonnenaufgang gegen 5.30 Uhr. Während an der Brüstung des Biergartens der Schlossschänke (rechts) noch die nächtliche Illumination am Geländer brennt, erfassen erste Sonnenstrahlen die Dächer der Stadt. Auf dem sogenannten „Hornwerk" des Sonnensteins werden seit dem Dreißigjährigen Krieg Gäste bewirtet.

Zum Stadtteil Sonnenstein gehören die bis in die 1980er Jahre südlich der Struppener Straße in Plattenbauweise errichteten Neubauten, die Eigenheimsiedlung Sonnenstein-Süd und das Gewerbegebiet Sonnenstein. 2007 entstand der Neubau des Klinikums (seit 2014 Helios Kliniken GmbH) – mit etwa 770 Mitarbeitern heute der größte Arbeitgeber Pirnas.

Der Sportplatz des SV Grün-Weiß Pirna e.V. (rund 500 Mitglieder) auf dem Sonnenstein verfügt u. a. über einen Rasenplatz, einen Kunstrasenplatz, eine Rollerbahn sowie einen Bogensportplatz.

Prächtig illuminiert, erhebt sich die Schlossanlage auf dem Sonnenstein in der Abenddämmerung über Pirna, macht die Silhouette der mittelalterlichen Stadt am Tor zur Sächsischen Schweiz unverwechselbar.

Gründerzeit-Idylle rund um die noble Gartenstraße

Mit dem Siegeszug der Dampfmaschine setzte in der zweiten Hälfte des 19. Jahrhunderts der industrielle Aufschwung Pirnas ein, welcher sowohl dem Wirtschaftsleben als auch dem Stadtbild ein neues Gepräge gab. Augenscheinlich wurde dies mit der Westvorstadt (auch Bahnhofsvorstadt). Sie erstreckt sich heute westlich der Altstadt zwischen Grohmannstraße im Osten, Königsteiner Straße im Süden, Maxim-Gorki-Straße im Westen und dem Gleiskörper der Deutschen Bahn im Norden. Im 15. Jahrhundert bestand vor der Stadtmauer eine locker bebaute Siedlung aus einzeln stehenden Garten- und Wohnhäusern. Die Flüsse Seidewitz bzw. Gottleuba speisten Mühlgräben, an denen die Nieder- und die Brettmühle arbeiteten. 1452 kaufte Pirnas Rat hier Gärten der „Nuwegasse, Vogilgasse, Dresdenische und Breitegassen" vom Herrn von Bünau auf Schloss Weesenstein. Aus der „Vogelgasse" wurde später die Gartenstraße, aus der „Dresdenische Gasse" die Bahnhofstraße. Seit 1886 galt der „Bebauungsplan Westvorstadt", der ein Straßennetz bis an die im Aufbau befindlichen Industrieareale nahe den Nachbargemeinden Heidenau, Großsedlitz und Kleinsedlitz definierte. Die intensive gründerzeitliche Bautätigkeit begann um 1890. Ein selbstbewusstes Bürgertum verspürte den Drang, mit seinen Wohnimmobilien zu repräsentieren. Besonders prächtige Bauten des His-

torismus und Jugendstils errichteten Bauherren an der Gartenstraße. Reich verzierte Back- und Sandsteinfassaden und von schmiedeeisernen Zäunen umfriedete Villen entstanden. Mit dem Bahnhof sollten ursprünglich freistehende villenartige Gebäude korrespondieren. Grundstücksspekulanten versprachen sich allerdings durch Reihenhäuser eine effektivere Nutzung des Bodens sowie größere Gewinne und vermochten sich oft durchzusetzen. Wer hier in einer Beletage wohnte, gehörte auf jeden Fall zur besseren Gesellschaft. Es lohnt, in alten Adressbüchern zu schmökern, um die Spuren einstiger Hausbesitzer und Mieter zu verfolgen. Ärzte, Gastwirte, Kaufleute, Rechtsanwälte, Juweliere, Oberlehrer, hohe Militärs und Amtspersonen wurden um die Jahrhundertwende an Pirnas Prachtstraße heimisch. Das Adressbuch von 1904 nennt beispielsweise in der noblen Gartenstraße 36 neben einer Filiale der Dresdner Schokoladenfabrik Richard Selbmann und einem Baugeschäft den Geschäftsinhaber der Ersten Sächsischen Strohhutmanufaktur Emil Größler oder den Bezirkskommandeur Oberstleutnant Hans Bech. Amtsgerichtsrat, Apotheker, Fabrikant, Steinsägewerksbesitzer, Regimentskommandeur, durchmischt mit Lokomotivführer, Schutzmann und Näherin in oberen Stockwerken, finden sich jedoch auch in Häusern der parallel verlaufenden Bahnhofstraße.

Blick nach Osten zum Sonnenstein vom nobelsten Straßenzug der Stadt. Die Gartenstraße – eine geschlossene Blockrandbebauung – entstand als Wohn- und Geschäftsstraße. In den meist zwischen 1885 und 1905 erbauten Häusern überwiegt der historistische Stil.

Viele Baustile und deren Adaptionen – sie reichen von der Renaissance über den Barock bis zum Jugendstil – sind auf der Gartenstraße zu sehen. An Fassaden verbirgt sich manch zauberhaftes Detail wie dieser Frauenkopf (Gartenstraße 2).

Fassadenschmuck der Gartenstraße 6

Links: Antikisierender Frauenkopf (Gartenstraße 19)

Florales Motiv mit Initialen (Gartenstraße 14)

Die Villa Gartenstraße 20 – errichtet für den Glasfabrikanten Karl Wilhelm Bruno Lange – besticht durch ihre klare Formgebung.

Beide Reliefs zeigen, wie die Post z. B. per Schiff, Pferd oder Bahn in alle Welt befördert wird und die moderne Elektrizität nutzende telegrafische Depesche Einzug gehalten hat.

Rechts: Löwenkopf an der Post-Fassade

Links: Als „Kaiserliches Postamt" 1890/92 gebaut, beeindruckt das Postgebäude Gartenstraße 29 noch heute durch seine aufwändige Sandsteinfassade. Für diesen Administrationsbau zeichnete der Geheime Postrat Bauingenieur Carl Zopff (1835 – 1922) verantwortlich, der seit 1875 Leiter des sächsischen Baubezirks der Oberpostdirektion Dresden war.

Durch kunstvolle Fenstergewände und florale Malereien aufgewertete Klinkerfassade der Gartenstraße 32

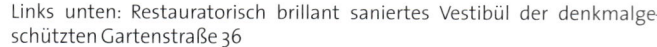

Links unten: Restauratorisch brillant saniertes Vestibül der denkmalgeschützten Gartenstraße 36

Reicher plastischer Fassadenschmuck mit Schlangenmotiv (Gartenstraße 36)

Gartenstraße auf Höhe der Hausnummern 36 und 37. Wo die Fahnen wehen, befindet sich seit 1999 der Hauptsitz der traditionsreichen Volksbank Pirna eG. Diese kann ihre Geschichte bis zum Jahre 1858 zurückverfolgen, feierte 2018 das 160-jährige Geschäftsjubiläum.

Das Portal Gartenstaße 37 zeigt alle Attribute des floralen Jugendstils

Oben rechts: Opulent von Steinbildhauer und Kunstschmied verzierter Jugendstil-Balkon Gartenstraße 37

Südliche Häuserfront am Eingang der Gartenstraße, von der Grohmannstraße aus gesehen. Man kann sich gut vorstellen, wie hier um 1900 das Pirnaer Bürgertum flanierte.

Linke Seite unten und rechts oben und unten: Türbekrönung und einige der acht Putten von Bildhauer Arthur Berger (1882–1926) am Eckgebäude Gartenstraße 40 zur Grohmannstraße. 1925 fertiggestellt, ist der Sparkassenbau ein Beispiel der Reformarchitektur.

Von Sandsteingewänden und weiterem Zierrat aus Sandstein durchbrochene Klinkerfassaden dominieren die Bahnhofstraße (Blick nach Osten). Putzfassaden gibt es kaum.

Oben rechts: Bahnhofstraße Richtung Westen. Sie erstreckt sich etwa dort, wo im Mittelalter die „Dresdenische Gasse" zwischen Gärten und einzeln stehenden Häusern verlief.

Unten: Portalbereich Bahnhofstraße 25. Eindrucksvoll die unheimlich und grimmig blickenden Köpfe bärtiger Riesen

Vier eher grobschlächtige Charakterköpfe (Rosa-Luxemburg-Straße 8)

Rund um Gartenstraße und Bahnhofstraße lohnt es immer, die Straßenseiten der Häuser aufmerksam in Augenschein zu nehmen. An der beide verbindenden Rosa-Luxemburg-Straße darf man rätseln, woher Bildhauer ihre Vorbilder für die Fassaden-Köpfe nahmen.
Klassischer Kopf als Fassadenzier (Rosa-Luxemburg-Straße 10)

Vorstadt–Perlen wie Geibeltbad und Lessingschule

Überwältigt von der über die Jahrhunderte bewahrten Altstadt übersieht manch Besucher, dass Pirna viel mehr zu bieten hat. Nicht nur Schifftorvorstadt und Westvorstadt sind sehenswert. Auch am Dohnaischen Platz (bis 1919 „Königsplatz") oder der Breiten Straße stößt man auf Kleinode. Nach dem 1820 abgerissenen Dohnaischen Stadttor benannt, beherbergt der Platz seit 1872 die „Goetheschule" mit dem „Friedenspark" dahinter. Dort stand bis 1875 die uralte Nikolaikirche, ebenda wurden die Toten auf dem Gottesacker begraben. Dem Schulbau gegenüber der „Schwarze Adler" – ein seit dem 17. Jahrhundert bekannter Gasthof. Vom Dohnaischen Platz strebt die Breite Straße nach Süden. 1423 ist sie erstmals als „Breytengasse" erwähnt. Wo früher Wagner und Fleischhauer ihrem Gewerbe nachgingen, sich Gehöfte mit Scheunen befanden, entstand um 1750 ein dreistöckiges Gebäude: die kursächsische Postmeisterei (Breite Straße 19). Berühmtester Gast war sieben Jahre nach Erbauung der Preußenkönig. Von der Breiten Straße führt Richtung Westen die Siegfried-Rädel-Straße. An dieser steht die 1916 geweihte Hospitalkirche (2002 entweiht). Dem einstigen Gotteshaus gegenüber befindet sich eine Turnhalle von 1894 mit dem Porträt von Turnvater Jahn. Wer dem Lauf der Gottleuba nach Süden zu folgen vermag, stößt an der Königsteiner Straße auf die eindrucksvolle Lessingschule mit ihren Jugendstilreliefs. Dem Osterzgebirge zustrebend, erstreckt sich im etwa 400 Meter breiten Gottleubatal rund zwei Kilometer weit Pirnas Südvorstadt. Schon im 15. Jahrhundert klapperte hier eine Walkmühle der Tuchmacher. Seit dem 16. Jahrhundert ist das Vorwerk „In der Hell" oder „Höllen-Vorwerk" urkundlich nachweisbar. Ab 1889 entstanden entlang der Rottwerndorfer Straße Kasernen. Bei einigen endete die militärische Nutzung erst 1991. Bis 1938 baute man auf 239 Grundstücken 669 Wohnungen für 2345 Einwohner im Stile der sogenannten „Heimatschutzarchitektur" – die „Hermann-Göring-Stadt" (nach dem Zweiten Weltkrieg in Anlehnung an die Straßennamen „Musikerviertel"). In der Südvorstadt befindet sich das weit über Pirna hinaus bekannte „Geibeltbad". Es wurde bis 1937 aus den Mitteln der Geibelt-Stiftung von Wohltäterin Anna Marie Geibelt (1838 – 1923) erbaut und samt der historischen Kabinenbereiche 2001/02 umfassend saniert bzw. erweitert. Zu den Attraktionen gehört das beheizbare Freibad mit 8x50-Meter-Schwimmbecken sowie das Freizeitbad mit Wellness- und Saunabad. Einzigartig eine 100-Meter-Riesenrutsche aus Edelstahl, die von innen nach außen transparent ist und damit Platzangst verhindert. Die alten Kasernen dienen heute u. a. Wohn- und Schulzwecken, beherbergen auch das sehenswerte DDR-Museum.

Die Geschichte der Oberschule „Johann Wolfgang von Goethe" (Dohnaischer Platz 1) reicht bis 1873 zurück. Am damaligen Königsplatz wurde die für 48.000 Taler errichtete 2. Bürgerschule eingeweiht. Mit der angeschlossenen „Schillerschule" unterrichtete man um 1912 sogar 1725 Schüler. Seit 1947 trägt der Bau den Dichter-Namen.

Denkmalgeschützter Brunnen auf der Grünfläche des Klinikkomplexes mit angeschlossener Hospitalkirche Siegfried-Rädel-Straße 11, wo sich die an einen Widerstandskämpfer erinnernde Staße mit der Hospitalstraße und dem Ernst-Thälmann-Platz kreuzt.

Portal der Hospitalkirche. 1914/16 für die Hospitalstiftung errichtet, übernahm 1957 die Ev.-Luth. Kirchgemeinde St. Marien das an die Fernheizung angeschlossene Gotteshaus für 99 Jahre in Erbpacht. Jahrzehnte lang als Winterkirche und für Veranstaltungen genutzt, wurde das Gebäude nach der Jahrtausendflut 2002 nicht mehr benötigt und entweiht.

Nicht mehr viel erinnert in der Breiten Straße 19 an die einstige kursächsische Postmeisterei, welche man hier in barocker Manier um 1750 mit Pilastern, Fensterverdachungen und Mansarddach errichtete. Nur auf ihren vornehmsten Übernachtungs-Gast, Preußenkönig Friedrich II., der Große (1712 – 1786), weist bis heute eine Tafel an der Hauswand hin.

Turnvater Friedrich Ludwig Jahn (1778 – 1852) ehrt das Porträtmedaillon an der 1894 eröffneten Turnhalle gegenüber der Hospitalkirche.

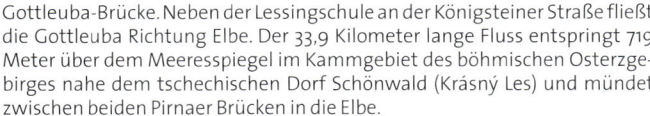

Gottleuba-Brücke. Neben der Lessingschule an der Königsteiner Straße fließt die Gottleuba Richtung Elbe. Der 33,9 Kilometer lange Fluss entspringt 719 Meter über dem Meeresspiegel im Kammgebiet des böhmischen Osterzgebirges nahe dem tschechischen Dorf Schönwald (Krásný Les) und mündet zwischen beiden Pirnaer Brücken in die Elbe.

Rechts oben: 1902 eröffnete die mit Jugendstilornamenten und dem Stadtwappen über dem Portal verzierte Lessingschule an der damaligen Reitbahnstraße (heute Königsteiner Straße 22a) als Realgymnasium. Später diente der Bau u. a. als höhere Handelslehranstalt, Fachschule für Kindergärtnerinnen und allgemeinbildende Oberschule. Seit 1997 ist hier eine Grundschule.

Rechts unten: Zwei am Birnbaum stehende Löwen – Pirnas Stadtwappen über dem Schulportal

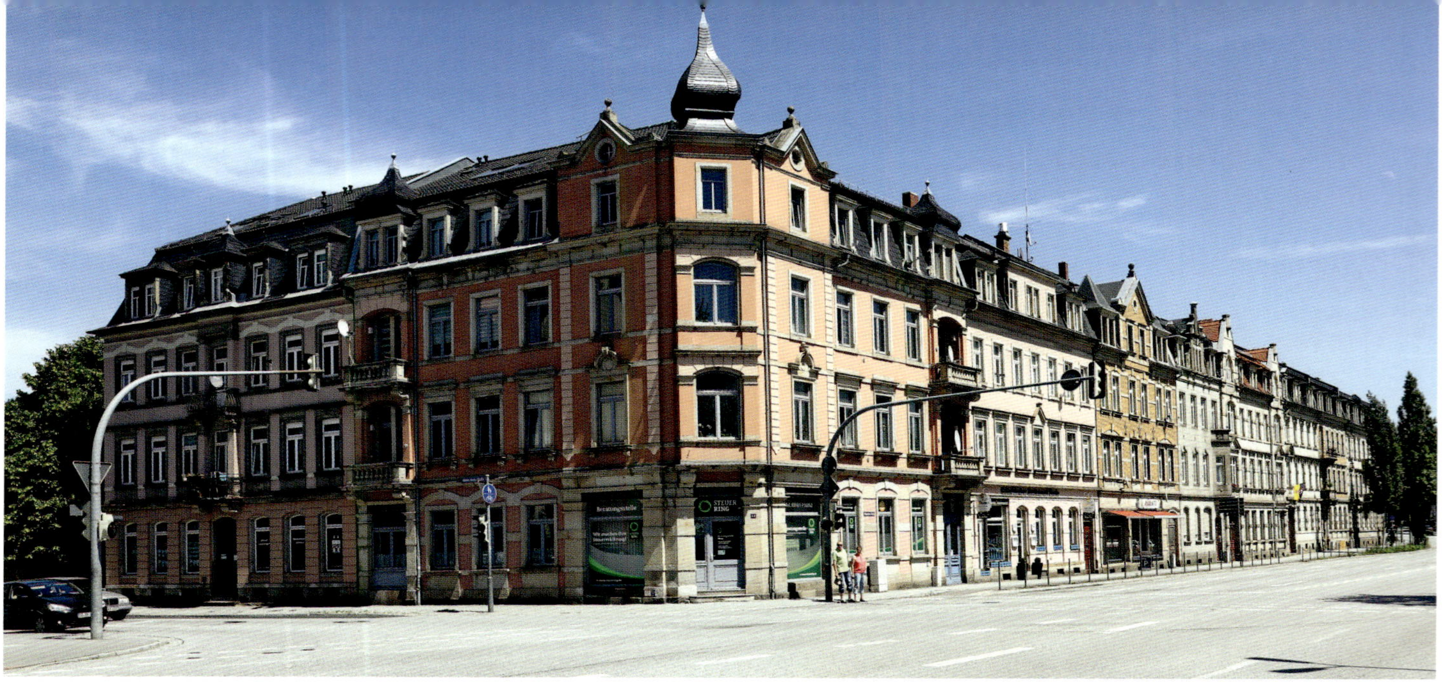
Beratungsstelle
STEUER RING

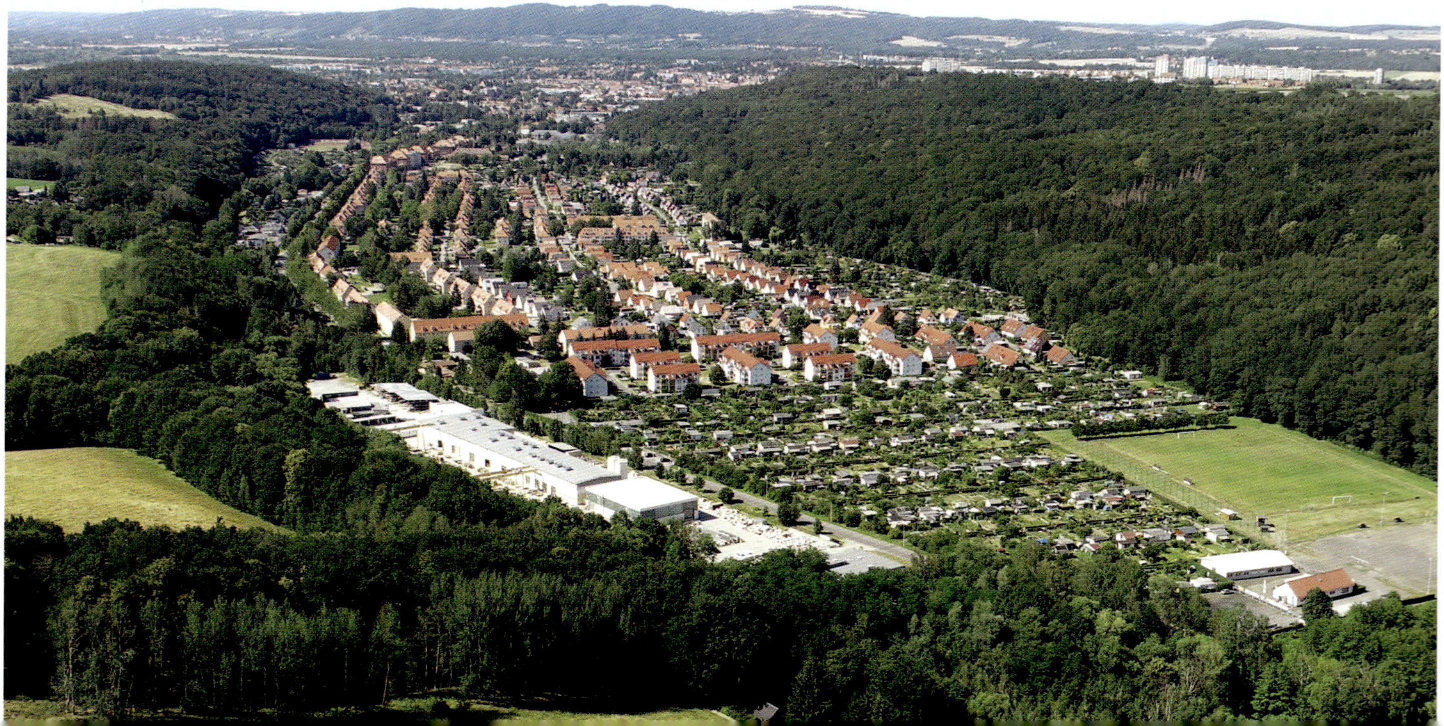

10-Meter-Sprungturm des 1937 fertiggestellten Geibeltbades mit dem 850 Kubikmeter fassenden Becken. Dahinter ein 8x50-Meter-Schwimmbecken (2000 Kubikmeter Wasser) und Umkleidekabinen im Stil der 1930er Jahre. Die Außenanlagen sind für 5000 Badegäste konzipiert, alle Außenbecken beheizbar.

Links oben: Um 1900 entstandenes Gründerzeit-Ensemble an der Kreuzung Königsteiner Straße/Maxim-Gorki-Straße

Links unten: Gottleubatal mit Pirnas Stadtteil Südvorstadt aus der Vogelperspektive. Im Vordergrund die Sportplätze und Schrebergärten an der Rottwerndorfer Straße. Richtung Zentrum dahinter das „Musikerviertel", dessen Straßen und ein Platz nach acht berühmten Tondichtern wie Johann Sebastian Bach (1685 – 1750) oder Johannes Brahms (1833 – 1897) benannt sind.

Rechts von oben nach unten: Das seit 2007 am heutigen Standort im Kasernen-Areal (Rottwerndorfer Straße 45m) existierende private DDR-Museum zeigt auf 1500 Quadratmeter Ausstellungsfläche u. a. den Alltag, die Lebens- und Arbeitswelten in der Deutschen Demokratischen Republik zwischen 1949 und 1990. Zehntausende Original-Exponate bieten eine faszinierende Zeitreise.

Rebhänge und Traumblicke — Copitz rechts der Elbe

Pirna gegenüber auf der anderen Elbseite liegt der Stadtteil Copitz, welcher seit dem Mittelalter per Fähre und seit 1875 via Elbbrücke bequem zu erreichen ist. Eine früheste Besiedlung beweisen u. a. Feuerstein-Pfeilspitzen aus dem Mesolithikum, dem 8. Jahrtausend vor Christi. Die vorrömische Eisenzeit wurde bei Grabungen durch 40 Urnenbestattungen (400 bis 150 vor Christi) lebendig. Neben Trachtenbestandteilen wie Fibeln aus Bronze und Eisen konnten Archäologen im Umfeld des Bestattungsortes sogar einen für unsere Breiten außerordentlich exklusiven Fund, das Bruchstück eines kobaltblauen Glasarmreifens, bergen. Im 6. Jahrhundert nach Christi von Slawen besiedelt, hat auch der Name Copitz slawischen Ursprung. Das sorbische „Kopc" bedeutet Hügel, wobei man einen Grenz- oder Grabhügel vermuten darf. Aus der Keimzelle eines Rundlings nahe der Elbe entwickelte sich im Mittelalter ein Platzdorf mit mehreren Häuserzeilen. Älteste nachweisbare Baulichkeit war die 1304 erwähnte Brückmühle, als deren Eigentümer Martin der Feiste (Martinus dictus Pinguis) namhaft zu machen ist. Eine Urkunde vom 17. April 1417 erwähnt erstmals das etwa 20 Einwohner zählende Dorf „Kopicz" (Bezeichnung Copitz seit 1442), welches damals noch zur Herrschaft Wehlen gehörte. Im 12. Jahrhundert aus Franken und Thüringen eingewanderte deutsche Siedler betrieben hier Fischfang, Landwirtschaft und Steinbrecherei. Seit 1504 endgültig Pirnaer Ratsdorf, unterstand Copitz der Gerichtsbarkeit des Pirnaer Rates und war nach Pirna eingepfarrt. Im Dreißigjährigen Krieg 1639 abgebrannt und nur langsam wiederaufgebaut, waren Mitte des 18. Jahrhunderts 57 Personen zinspflichtig. Die meisten Copitzer Männer verdienten damals ihren Lebensunterhalt in der Schifffahrt. Als wichtiger Elbübergang wurde Copitz immer wieder von Kriegsereignissen in Mitleidenschaft gezogen. Um 1815 wohnten 300 Einwohner — Beschäftigung fanden sie in Sandsteinbrüchen, in der Schifffahrt, Baumwoll-Spinnerei und -Bleicherei, Ziegelei sowie als Winzer und Fischer — in 60 Häusern. Industrien wie Glashütte, Holzsägewerk, Schiffbauanstalt, Ziegelwerk, Knopf-, Fahnen-, Messer-, Obstverwertungs-, Zuckerwaren- sowie Pappen- und Kistenfabrik ließen ab der zweiten Hälfte des 19. Jahrhunderts massenhaft Arbeitskräfte in die Landgemeinde strömen, die sich um 1900 Gemeindesiegel und Wappen gab, beliebte Ausflugslokale besaß und seit den 1840er Jahren eine berühmte Vogelwiese veranstaltete. 1923 erfolgte die Eingemeindung aller mehr als 5500 Einwohner nach Pirna. Zwischen 1962 und 1967 sowie 1981 und 1986 entstanden an dem wichtigen Industriestandort 2900 neue Wohnungen, zuletzt in DDR-typischer Plattenbauweise.

Rechts des Flusses gelegen, reicht Copitz vom Ufer bis auf die Hochebene und in die sich öffnende Elbtalweitung hinein. Im Vordergrund die Postaer Straße. Über dem grünen Elbhang schlängelt sich nahe der durch zugewachsene Steinbrüche entstandenen Abbruchkante der Burglehnpfad. Hinter der Stadtbrücke ist das Neubaugebiet zu sehen.

Blühende Linden Mitte Juni am Copitzer Burglehnpfad zwischen Elbhang und Feldern. Dieser Panoramaweg bietet nicht nur Panoramasichten über das Elbtal bis ins Osterzgebirge, sondern auch schattige Plätze zum Verweilen.

Nahe der ehemaligen Gaststätte „Schöne Höhe" (seit den 1990er Jahren Wohnhaus) blicken wir auf Copitzer Häuser und Pirnas Stadtkern samt Sonnenstein.

„Canalettoblick" nennen Einheimische euphorisch diese Sicht auf Sonnenstein, Altstadt und Pirnas südliche Umgebungen vom 2006 sanierten Burglehnpfad, der sich direkt über den stillgelegten Steinbrüchen befindet. Nicht umsonst heißt die Gegend auf dem Hochplateau über der Elbe „Schöne Höhe".

Schaut man von der Treppe, die Oberleite und Burglehnstraße verbindet, hat man über Copitzer Ziegeldächer eine gute Sicht auf die alte Stadtbrücke und die neue Sachsenbrücke. Der Blick reicht bis Heidenau und die Großsedlitzer Elbhänge mit dem Landschaftsschutzgebiet Hospitalbusch.

Von Lohmen kommend, gelangt man über die abschüssige Hauptstraße mit ihren gründerzeitlichen Häusern zur Stadtbrücke.

Rechts oben und unten: Oberer Platz und Hauptplatz bilden den Kern des ehemaligen Bauerndorfes Copitz. Dazu gehört das nachweislich der über der Tür eingemeißelten Jahreszahl 1839 erbaute und in den letzten Jahren liebevoll restaurierte Haus Oberer Platz 2.

Haus Postaer Straße 6 mit markantem Pavillon

Wohnhaus der Familie Manka, Postaer Straße 7. Zur Familie zählte der aus Ungarn stammende Steinmetz Franz Manka (1886 – 1958), von dem auch die Putten auf den Torsäulen und die Initialen „FM" im wappenförmigen Giebel-Relief stammen. Er schuf diverse Plastiken an Wohnhäusern und Brunnen, erneuerte 1956 Pirnas Postmeilensäule.

Altes Emaille-Schild

Vornehmlich Segelboote beherbergt der kleine Hafen an der Postaer Straße.

Unten rechts: An der Westseite vom Hauptplatz macht diese Sandsteinsäule darauf aufmerksam, dass in Pirna die rund 60 Kilometer lange Sächsische Weinstraße beginnt.

Von der Pirnaer Altstadt sind die Felsplateaus einstiger Sandsteinbrüche gut zu sehen, auf denen Rebstöcke wachsen.

Vermutlich seit dem 15. Jahrhundert gedeiht hier unter Felsen Wein. Um neue Terrassen zu gewinnen, ließ Farbenfabrikant Wilhelm Reppe (1878 – 1919) im Jahre 1899 die Quader für vier mächtige Mauern brechen. Heute baut hier Winzer Wolfgang Winn (geb. 1961) auf 3700 Quadratmetern edle Weiß- und Rotweine wie Dornfelder und Goldriesling an.

Lesehelfer Jens Hauswald trägt die mit köstlichen Rotwein-Trauben gefüllte Butte über steile Stufen hinab ins Elbtal.

Rechts: Das zwischen 1981 und 1986 entstandene Neubaugebiet Pirna-Copitz

Von Richard Wagner bis „Kamelien-Schloss" — Ortsteile

Pirna mit seinen heute rund 39.000 Einwohnern erstreckt sich über 53,06 Quadratkilometer. Diese Größe verdankt die Bürgerschaft Eingemeindungen mehrerer Vorstädte und Dörfer. Im ersten Viertel des 20. Jahrhunderts erfolgte ein beachtlicher Gebietszuwachs, indem man am 1. Oktober 1922 Posta und im Folgejahr neben dem bereits vorgestellten Copitz, Hinterjessen, Neundorf, Niedervogelgesang, Rottwerndorf und Zuschendorf in die Stadt integrierte. Das im Tal der Seidewitz gelegene Zuschendorf ist überregional bekannt durch sein Landschloss, welches auf eine im 11. Jahrhundert entstandene Burg zurückgeht. Markgraf Wilhelm I., der Einäugige (1343 – 1407), vergab 1403 dieses Gut als Lehen an Kunigunde von Carlowitz. Bis 1695 war es der älteste Stammsitz des bekannten sächsischen Uradelsgeschlechts von Carlowitz, dessen Männer einst hohe Ämter als Hof- und Staatsbeamte im Lande der Wettiner und an fremden Höfen bekleideten. 1553 bis 1560 errichtete ein Hans von Carlowitz das zweiflügelige Renaissanceschloss nebst benachbarter Saalkirche (1680/82 Neubau mit Barockmalereien). Zu den zahlreichen Besitzerfamilien zählte im 18. Jahrhundert auch die Uradelssippe von Bünau. Heute ist die Schloss- und Parkanlage mit Gewächshäusern durch ihre bedeutende botanische Sammlung (u. a. Azaleen, Hortensien und Kamelien) ein Anziehungspunkt.

Von begeisterten Besuchern wird das Schloss auch „Kamelien-Schloss" genannt. Am 1. Februar 1930 erfolgte die Eingemeindung von Zehista nach Pirna. Zu DDR-Zeiten schlossen sich am 1. Juli 1950 Cunnersdorf, Mockethal und Zatzschke an. Liebethal (1971), Krietzschwitz (1974) und Obervogelgesang (1974) folgten. Die letzten großen Zusammenschlüsse mit Nachbargemeinden gelangen am 1. Januar 1999. Da kamen Birkwitz-Pratzschwitz – beide waren seit 1973 vereint – und Graupa (seit 1972 durch Bonnewitz erweitert) zu Pirna. Mit Graupa und seinen an den weltberühmten Komponisten Richard Wagner (1813 – 1883) erinnernden Stätten wurde die Stadt um ganz wichtige Facetten bereichert. Während seiner Zeit als Hofkapellmeister in Dresden urlaubte Wagner im Sommer 1846 mit Ehefrau Minna (1809 – 1866) für mehrere Wochen im Schäferschen Gut, konzipierte hier seine Oper „Lohengrin". Auch nach seiner Flucht aus Sachsen blieb ihm dieses, vor allem im Liebethaler Grund wildromantische und sehr inspirierende, Fleckchen Erde in dankbarer Erinnerung. Am 8. September 1881 kehrte das Genie noch einmal an den Ort unbeschwerter Sommerfrische-Tage zurück. Heute sind das Jagdschloss Graupa, das „Lohengrinhaus" und ein Kolossal-Denkmal, welches Wagner im Liebethaler Grund als Gralsritter darstellt, Wallfahrtsorte von Klassik-Fans aus aller Welt.

Von der etwa 70 Hektar großen gefluteten Kiesgrube, die heute zum Baden genutzt wird, geht der Blick westwärts über die Ortschaft Birkwitz an der Elbe (1350 erstmals als „Birkwicz" erwähnt) zur Landeshauptstadt Dresden.

1350 taucht Pratzschwitz als „Prautschicz" das erste Mal in einer Urkunde auf. Der Dorfkern ist ein slawischer Rundling. Die ihn umgebende Gewannflur nahm im Jahre 1900 eine Fläche von rund 441 Hektar ein.

Häuser am Dorfanger von Pratzschwitz, das 1973 mit dem Nachbarort zur neuen Gemeinde Birkwitz-Pratzschwitz fusionierte und 1999 als Ortsteil nach Pirna eingemeindet wurde.

Wesenitz-Mündung in Pratzschwitz. Der in 515 Meter Höhe am Valtenberg aus dem Mundloch des Valentin-Erbstollens, einem alten Bergwerk, entspringende Fluss (83 Kilometer lang) gelangt hier in die Elbe.

Entlang der Wesenitz kann man auch wandern.

Auf der linkselbischen Hochfläche über Pirna liegt der Ortsteil Cunnersdorf. Dieses Gassendorf ist erstmals 1352 urkundlich als „Cunrisdorf" erwähnt.

Luftbild jenes Teils von Graupa, in welchem sich das Jagdschloss mit den berühmten Richard-Wagner-Gedenk-stätten befindet. Pirnas Stadtteil Graupa besteht aus den Teilen Groß-, Klein- und Neugraupa sowie Vorderjes-sen.

Richard-Wagner-Büste im Graupaer Schlosspark

Torsäule am „Lohengrinhaus"

Im Teich vor dem Jagdschloss aus dem 18. Jahrhundert, das als Richard-Wagner-Museum eingerichtet ist, sind Schwäne zu bewundern.

Ehemaliges Schäfersches Gut (Gedenkstätte „Lohengrin-haus"), in dem der Maestro im Sommer 1846 an seiner Oper „Lohengrin" arbeitete. 1907 wurde hier das weltweit erste Richard-Wagner-Museum gegründet.

Richard Wagner (1813 – 1883) gilt als bedeutendster Erneuerer der europäischen Musik im 19. Jahrhundert.

In Bonnewitz (1378 als „Ponewicz" erwähnt) – zum Ortsteil Graupa gehörend und vom Bach Ilke durchflossen (mündet in die Wesenitz) – hat sich der alte Dorf-kern in Form eines Rundlings (links oben im Luftbild) erhalten.

An der Bundesstraße zwischen Pirna und Königstein gelegen, war der Ortsteil Krietzschwitz (Ersterwähnung 1359) einst durch das Denkmal für Herzog Eugen von Württemberg (1788 – 1857) bekannt, der 1813 in der „Schlacht bei Krietzschwitz" Napoleons Truppen aufhielt. Heute kennt man eher die „Obstscheune Krietzschwitz" und die Apfel-Plantagen.

Rechts: Liebethal ist ein Gassendorf, das schon 1241 als Namensbestandteil eines „Heinricus de Libendal" genannt ist. In der Ortsmitte über den Felsen die einschiffige Saalkirche mit Satteldach und achteckigem Dachreiter. Bereits 1373 erwähnt, stammen wesentliche Gestaltungsmerkmale des Gotteshauses aus der Zeit der Renaissance.

Köstliche Krietzschwitzer Äpfel warten auf Pflücker.

Zum Ort gehört ein Teil des von der Wesenitz durchflossenen wildromantischen Liebethaler Grundes, durch den der Malerweg führt.

Rechts: Im Liebethaler Grund, jedoch auf Lohmener Flur, steht seit 1933 das weltgrößte Richard-Wagner-Denkmal. Die 4,2 Meter hohe Skulptur Wagners als Gralsritter – zu seinen Füßen ruhen das Sphärische, das Lyrische, das Dramatische, das Dionysische und das Dämonische – schuf Bildhauer Richard Guhr (1873 – 1956) auf einem acht Meter hohen Sandsteinsockel.

Wegesäule in Liebethal

Bauernhaus am Mockethaler Rundling

Ein slawischer Rundling, vorwiegend umgeben von Dreiseitenhöfen, definiert den Ortskern von Mockethal (1417 als „Mütal" ersterwähnt).

Den südlichen Zipfel der Stadt Pirna bildet die Ortschaft Neundorf. Bereits 1408 als „Nuendorf-chin" erwähnt, hat das Waldhufendorf schlimme Tage erlebt. 1927 starben beim Hochwasser im Osterzgebirge mehrere Menschen in einer drei Meter hohen Flutwelle, die ganze Gebäude wegriss.

Niedervogelgesang (1551 erstmals erwähnt) am linken Ufer der Elbe entstand als Häuslerreihe.

Obervogelgesang (1539 als „Königsnase" erwähnt) ging aus einem Vorwerk hervor. Bekannt ist der Ort durch den Bahn-Haltepunkt der S-Bahn-Linie Meißen-Schöna.

Posta, Ort legendärer Sandsteinbrüche am rechten Elbufer, besteht aus Niederposta (1417 erwähnt) und Oberposta (1547 erwähnt). Die seit 1533 arbeitende Elbfähre stellte man 1995 ein. Im Luftbild ist oben auf dem Hochplateau Mockethal zu sehen.

Früher durch Steinbrecherei und Landwirtschaft geprägt, verfügt Rottwerndorf (1337 erwähnt) im Gottleubatal über ein Renaissanceschloss, das auf eine Wasserburg (12. Jahrhundert) zurückgehen soll. Frühe Besitzer kamen aus der Familie von Karras. Von den letzten uradeligen Schlossherren derer von Miltitz ging es 1817 in bürgerliche Hände über.

1950 nach Pirna eingemeindet, ist die Geschichte des Dorfes Zatzschke bis 1417 zurück verfolgbar.

Zehista im Tal der Seidewitz (1355 „Zceyst" genannt) entstand aus einem Bauernweiler. 1458 Vorwerk und 1551 Rittergut, baute man das dominierende Anwesen vor dem Dreißigjährigen Krieg zum Schloss aus. Besitzer waren u. a. Pirnas Festungskommandant Johann Siegmund von Liebenau (1607–1671) und Johann Adolph von Brühl (1695–1742).

Seit 1923 ist das 1378 als „Zcutschendorf" erwähnte Zuschendorf ein Ortsteil von Pirna. Im Vordergrund Einfamilienhäuser an der Seidewitzer Straße, welche auf die Liebstädter Straße mit dem Landschloss zustrebt.

Schlosskirche und zweiflügeliges Schloss Zuschendorf aus der Vogelschau

Rechts: Frühlingserwachen im ausgedehnten Park von Schloss Zuschendorf

Das oft als „Kamelienschloss" bezeichnete Schloss Zuschendorf wird auch „grüne Schatzkammer Sachsens" genannt. Auf über sechs Hektar (davon 1800 Quadratmeter Glashausflächen) werden Zierpflanzen bewahrt, die vom Können sächsischer Gärtner vergangener Jahrhunderte künden.

In Zuschendorf sind jedes Jahr zehntausende Kamelienblüten zu bewundern.

Quellen

Adamek, Katja u. a.: Posta – Sandstein, Wein und Sommerfrische. Pirnaer Miniaturen Heft 8. – Volksbank Pirna eG Pirna 2017

Böhm, Boris: Copitz – Porträt eines vielfältigen Pirnaer Stadtteils. Pirnaer Miniaturen Heft 7. – Volksbank Pirna eG Pirna 2017

Böhm, Boris: Der Pirnaer Friedenspark. Pirnaer Miniaturen Heft 10. – Volksbank Pirna eG Pirna 2018

Böhm, Boris: Die Bastionen der Festung Sonnenstein. Pirnaer Miniaturen Heft 6. – Kuratorium Gedenkstätte Sonnenstein Pirna 2016

Böhm, Boris: Geschichte des Sonnensteins und seiner Festung. – Kuratorium Gedenkstätte Sonnenstein Pirna 1994

Böhm, Boris: Pirnas grüner Hügel: Der Sonnenstein. Pirnaer Miniaturen Heft 3. – Kuratorium Gedenkstätte Sonnenstein Pirna 2014

Dehio, Georg: Handbuch der Deutschen Kunstdenkmäler. Sachsen I Regierungsbezirk Dresden. – Deutscher Kunstverlag München Neubearbeitung 1996

Fröhlich-Schauseil, Anke; Misterek, René: Die Sächsische Schweiz in der Bildenden Kunst. – Stadtmuseum Pirna Pirna 2017

Grumpelt, K., Zantke, Klaus: Das Pirnaer Rathaus 1386 – 1995. – Stadtverwaltung Pirna Pirna 1995

Helfricht, Jürgen: 160 Jahre Volksbank Pirna 1858 bis 2018. – In: Bankgeheimnis Mitgliedermagazin der Volksbank Pirna 1/2018, S. 4 – 11

Helfricht, Jürgen; Helfricht, Karina: Die Jahrtausendflut 2002 in Sachsen. – Husum Husum 6. Auflage 2003

Helfricht, Jürgen: Die Wettiner. Sachsens Könige, Herzöge, Kurfürsten und Markgrafen. – Sachsenbuch Leipzig 5. Auflage 2012

Helfricht, Jürgen: Mystisches Dresden. Ein außergewöhnlicher Stadtführer zu geheimnisvollen Orten in Dresden und rund um das Elbtal. – Oberlausitzer Verlag Zittau 2. Auflage 2019

Helfricht, Jürgen: Sächsisches Weinkochbuch. Historie, Winzer & Genuss. – Husum Husum 2014

Helfricht, Jürgen: Traumroute Elbtal. Unterwegs mit der Sächsischen Dampfschifffahrt. – Husum Husum 2013

Helfricht, Jürgen: Vieltausend Augen-Blicke. Reiseführer Sächsische Dampfschifffahrt. – Husum Husum 2014

Hilbert, Peter (Schlussredaktion): Die Elbebrücke Pirna – Von den Anfängen bis zur Gegenwart. – Stadtverwaltung Pirna 1994

Meiche, Alfred (Hrsg.): Die Burgen und vorgeschichtlichen Wohnstätten der Sächsischen Schweiz. – Wilhelm Baensch Dresden 1907

Misterek, René: Pirna – so wie es war. – Droste Düsseldorf 1996

Schmidt, Werner (Hrsg.): Bernardo Bellotto genannt Canaletto in Pirna und auf der Festung Königstein. – Canaletto Forum Pirna Pirna 2. Auflage 2000

Sturm, Albrecht (Hrsg.): Die Stadtkirche St. Marien zu Pirna. – Ev.-Luth. Kirchgemeinde Pirna 2. Auflage 2018

Sturm, Albrecht: Pirna – Stadtführer. – Kuratorium Altstadt Pirna 3. Auflage 2013

Quinger, Heinz: Pirna – kunstgeschichtliche Würdigung einer alten sächsischen Stadt. – Verlag der Kunst Basel Berlin Dresden 1993

Stock, Jörg Stephan: Mein wunderbares Pirna. Gesicher und Geschichten aus historischen Altstadthäusern. – Redaktions- und Verlagsgesellschaft Freital/Pirna 2016

Uhlmann, Johannes: Chronik der Stadt Pirna. – Curt Hermann Weise Berlin 1938

Zimmermann, Wolfgang; Grond, Eberhard: Klosterkirche St. Heinrich, Katholische Pfarrkirche St. Kunigunde Pirna. – Schnell & Steiner Regensburg 2. Auflage 2011

Zuschendorf

Zehista

Pirna

Copitz

Pratzschwitz

Birkwitz

Hinterjess

Liebethal

Graupa

Bonne

Elbe